Ute Rabe
Man nehme: Keime ...

W0051909

Ute Rabe

# Man nehme: Keime ...

fantastisch vegetarisch

# Inhaltsverzeichnis

# Frisches Gemüse
# von der Fensterbank

Frischer geht es kaum: Knackige Keimlinge lassen sich das ganze Jahr problemlos auf der kleinsten Fensterbank selbst ziehen. Im Winter sind sie eine preiswerte und köstliche Alternative zu Treibhausgemüse und im Sommer sind Soja-, Weizen- oder Rucolakeimlinge ideal für alle leichten frischen Mahlzeiten.

In Salaten, Teigtaschen, Wokgerichten und sogar erfrischenden Drinks sorgen sie geschmacklich und optisch für das gewisse Etwas. Anfangs als Modeerscheinung der »Müsliszene« belächelt, sind Keimlinge längst zum Dauerbrenner geworden.

Seit der 1. Auflage dieses Buches hat sich viel getan. Das Angebot an Keimsaaten für die heimische Fensterbank ist umfangreicher geworden und immer wieder gibt es Neues auszuprobieren, beispielsweise Rucola- oder Brokkolikeime. Die Zahl der Anbieter unbehandelter Keimsaaten aus biologischem Anbau steigt. Auch wer es mal eilig hat, muss auf Keime nicht verzichten: Fix und fertig gekeimt werden inzwischen die verschiedensten Keimesorten im Handel angeboten.

Keimlinge als Gemüse zu verwenden hat in den asiatischen Ländern eine lange Tradition. Mit der steigenden Beliebtheit der fernöstlichen Kochkultur haben die knackigen Winzlinge hierzulande noch mehr Anhänger gewonnen. Denn nicht nur in Frühlingsrollen sind sie unverzichtbarer Bestandteil. Keimlinge eignen auch ganz wunderbar für das schonende Garen im Wok.

Aber überzeugen Sie sich am besten selbst, wie vielseitig und köstlich die Keime-Küche ist!

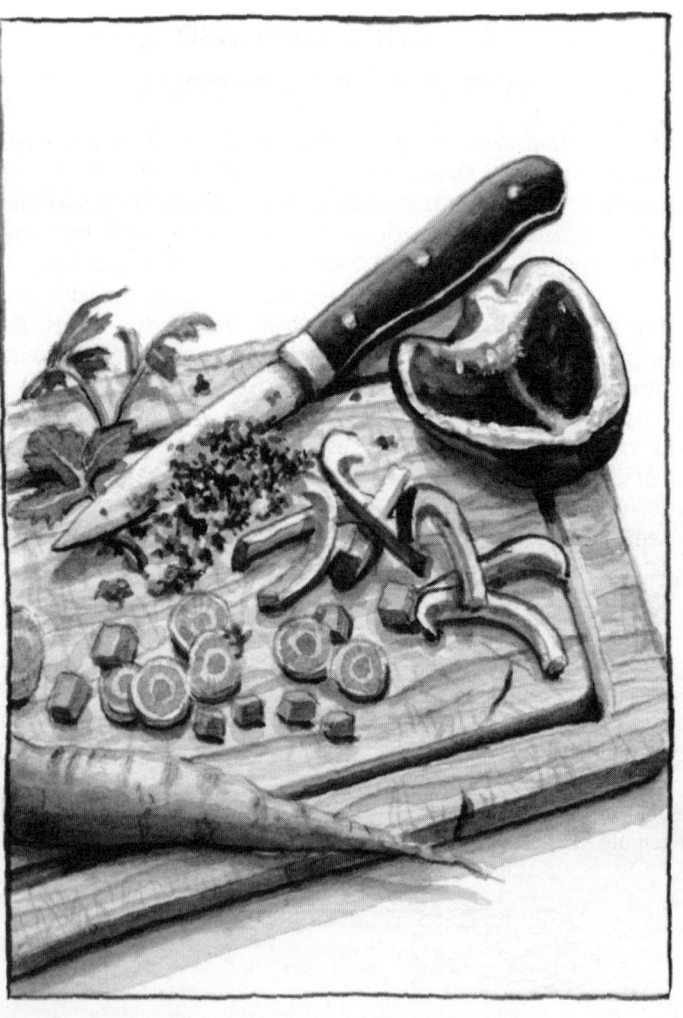

# So frisch und natürlich
# wie möglich!

Frisch gezogene Keime sind prallvoll mit wertvollen Inhaltsstoffen und ergänzen das Nährstoffspektrum von Obst und Gemüse. Aber viele Vitamine und sekundäre Pflanzenstoffe sind hitzempfindlich oder, wie auch die Mineralstoffe, wasserlöslich. Damit möglichst wenig davon zerstört wird, hier ein paar »Umgangsregeln« vorab. Denn es wäre doch schade, wenn die wichtigen Nahrungsbestandteile beim Waschen oder Kochen verloren gingen.

○ Gemüse, das möglichst aus kontrolliert biologischem Anbau stammen sollte, erst waschen, dann putzen und schneiden; nicht im Wasser liegen lassen. So oft es geht, die Schale mitverwenden. Möglichst viel auch als Rohkost zubereiten.

○ Beim Kochen darauf achten, dass die Garzeit so kurz wie möglich ist. Empfehlenswerte Garverfahren sind Dünsten mit wenig Wasser oder Fett oder Dämpfen.

○ Beim Braten das Fett richtig heiß werden lassen, damit die Garzeit so kurz wie möglich gehalten werden kann. Gemüse bleibt knackig, wenn man es wie in der chinesischen Küche üblich unter ständigem Rühren kurz in der Pfanne oder im Wok gart.

○ Beim Braten gutes Fett verwenden. Am besten ungehärtete Pflanzenfette oder spezielle Pflanzenöle, die zum Braten und Frittieren geeignet sind. Butter und die meisten Öle wie Sonnenblumenöl sind für hohe Temperaturen nicht empfehlenswert. Unraffinierte, naturbelassene Öle sollten für Rohkost verwendet werden.

# Keime – wie geschaffen
# für die Vollwertküche

Der Keimeanbau passt ideal ins »Vollwert-Küchen-Konzept«. Der bestechendste Grund, seinen Speisezettel mit Keimen aufzupeppen, vorab: Auch in der kleinsten Küche mitten in der Stadt und auch im Winter kann man frisches Gemüse selbst ziehen – da weiß man, was man hat. Und man erwirbt wieder das ganz besondere, persönliche Verhältnis zu seiner Nahrung, das beim Jagen und Sammeln im Supermarkt komplett abhanden kommt. Dies empfiehlt sich besonders dann, wenn Sie versuchen, Kindern den Spaß an bewusstem Essen nahe zu bringen.

Ein weiterer Pluspunkt: Die kleinen Kraftpakete enthalten viele Vitamine und sekundäre Pflanzenstoffe, von denen unser Körper gar nicht genug bekommen kann. Die Pflanzen speichern diese Stoffe in den Samen für ihre Nachkommen in besonders hohen Konzentrationen und viele Vitamine werden beim Keimprozess zusätzlich noch neu gebildet.

Last but not least: Auch wenn das Saatgut teuer erscheint, es vervielfacht sich. Man kommt kaum billiger an garantiert frisches Gemüse als durch den Keimeanbau am Küchenfenster. Die eigene Produktion zu Hause sichert die Gemüseversorgung rund ums Jahr und bedeutet ein kleines Stück wirklicher Unabhängigkeit. Weite Transportwege, Lager- und Kühlzeiten, während denen empfindliche Inhaltsstoffe verloren gehen, entfallen gänzlich. Es entsteht kein Abfall und kein Verpackungsaufwand und wir können die Qualität unseres Gemüses selbst bestimmen und kontrollieren.

# Der Keimvorgang

Es hat sich im »Küchenlatein« eingebürgert, von Sprossen und Keimen zu sprechen. Der Begriff »Sprossen« bezeichnet jedoch, streng botanisch betrachtet, nur einen Teil der neuen Pflanzen. Zusammen mit den Wurzeln bilden sie den kompletten Keimling. In diesem Buch wird daher die Bezeichnung Sprossen nicht verwendet.

Keime sind neue Organismen, die sich aus Sporen und Samen oder Zwiebeln und Knollen von Pflanzen entwickeln. Bei unserer Gemüsezucht auf der Fensterbank handelt es sich um Samen-Keimung. Dabei entfaltet sich aus einem Samen heraus zuerst die Keimwurzel mit mehr oder weniger vielen Wurzelhaaren, mit denen sich die junge Pflanze in der Natur im Boden verankert und Wasser aufnimmt. Es folgen die Keimblätter, die nach dem Ergrünen mit der Photosynthese beginnen.

Wir ernten unsere Keime je nach Sorte zu einem geeigneten Zeitpunkt zwischen dem Wachstum der Keimwurzel und dem Ergrünen der ersten Blättchen. Alle Sorten werden gegessen, bevor die Pflänzchen ihre Nahrungsreserve aus dem Samen komplett verbraucht haben und Nährstoffe aus Erde oder Nährlösung aufnehmen müssten. Deshalb genügt ihnen zum Wachsen eine regelmäßige Bewässerung. Manche Sorten kann man weiterwachsen lassen, um daraus 12-Tage-Grünkräuter zu ziehen. Sie passen geschmacklich nicht zu den in diesem Buch vorgestellten Rezepten und würden den Rahmen sprengen. Deshalb wird dieses Thema nicht weiter berücksichtigt. Auch der Anbau von Weizen- und Roggengras zur Saftgewinnung ist ein zwar verwandter, aber eigenständiger Bereich, der nicht berücksichtigt wird.

# Was passiert beim Keimen?

Unsere Keime entstehen aus einem Samen. Dieser besteht aus einer Keimanlage (Keimachse, Keimwurzel, Keimblätter), aus der sich die Pflanze entwickelt, einer Nährstoffreserve und der äußeren Samenschale. Die Nährstoffe (Kohlenhydrate, Eiweiß und Fette) sind entweder im Nährstoffgewebe oder aber in den Keimblättern gespeichert.

Der Samen beginnt zu keimen, wenn bei geeigneter Temperatur durch spezielle Poren in der Samenhülle Feuchtigkeit eindringt. Dadurch quillt der Samen auf und der Stoffwechsel wird in Gang gesetzt. Wenn die Samenschale platzt, kann sich das neue Pflänzchen entfalten.

Dieses kleine Wunder vollzieht sich mit Hilfe einer Vielzahl von Stoffwechselprozessen: Fette und Eiweiße werden in einfachere chemische Bausteine gespalten. Dadurch werden sie leichter verdaulich. Auch Mineralstoffe werden durch den Keimprozess in Verbindungen überführt, die der menschliche Verdauungsapparat besser verwerten kann. Komplexe Kohlenhydrate werden in Einfachzucker gespalten. Deshalb schmecken die meisten Keime erstaunlich süß. Hülsenfrüchte werden dadurch zudem leichter verdaulich, da die blähenden Kohlenhydrate ebenfalls umgewandelt werden.

Ähnliche Prozesse wie beim Keimvorgang stehen am Anfang unserer Verdauungsarbeit. Jeder hat wohl schon einmal beobachtet, dass nach langem, intensivem Kauen ein Stück Brot einen süßen Geschmack annimmt. Durch die Einwirkung des Speichels wird auch in unserem Mund Stärke zu Zucker abgebaut. Die Veränderungen im Samen während des Keimprozesses stellen eine Art »Vorverdauung« der Nahrung dar.

Zusätzlich werden lebenswichtige Vitamine und sekundäre Pflanzenstoffe gebildet. Der Gehalt ist um ein Vielfaches höher als im Samen und in der ausgewachsenen Pflanze.

# Wie gesund sind Keime?

Gekeimte Samen sind besonders gut verdaulich und gehören zu den vitaminreichsten Nahrungsmitteln. Zu keinem anderen Zeitpunkt ihres Lebens ist eine Pflanze ein derartiges Energiebündel, da sie beim Weiterwachsen die Stoffe für den Aufbau ihrer eigenen Strukturen zu großen Teilen verbraucht. Gleichzeitig haben Keime wenig Kalorien und einen hohen Anteil an Ballaststoffen. Alles in allem also ideal für eine bewusste Ernährung, die fit und schlank hält.

## Sekundäre Pflanzenstoffe

Keime liefern zudem reichlich sekundäre Pflanzenstoffe. Unter diesem Sammelbegriff werden unzählige verschiedene Stoffe zusammengefasst, die von den Pflanzen oft zu ihrem eigenen Schutz gegen Schädlinge oder UV-Strahlung gebildet werden und gleichzeitig für Farbe und Aroma sorgen.

Auch der menschliche Organismus profitiert von den sekundären Pflanzenstoffen auf vielfältige Weise: Sie stärken unter anderem das Immunsystem, unterdrücken schädliche Bakterien, Viren und Pilze, normalisieren den Blutzucker- und Cholesterinspiegel und sollen das Krebsrisiko senken.

Gemeinsam mit einigen Vitaminen und dem Spurenelement Selen betätigen sie sich als »Radikalenfänger«, indem sie freie Radikale neutralisieren und so daran hindern, die Körperzellen zu schädigen oder lebenswichtige Eiweißstrukturen zu verändern. Auf das Konto der »Freien Radikale« gehen Herz- und Kreislauferkrankungen, Krebs, Hautschädigungen, grauer Star und allgemein ein beschleunigter Alterungsprozess.

Die aggressiven und reaktionsfreudigen Stoffe entstehen im menschlichen Stoffwechsel. Äußere Faktoren und Umwelteinflüsse fördern ihre Bildung, beispielsweise Hitze, UV-Licht, Luftverunreinigungen, aber auch Stress, Rauchen und hoher Alkoholkonsum.

In Keimen kommen je nach Samenart unterschiedliche sekundäre Pflanzenstoffe in unterschiedlichen Mengen vor. Die Kreuzblütler, zu denen unsere Kohlgemüse, Kresse, Rettich und Rucola zählen, heben sich besonders positiv hervor. Sie enthalten reichlich **Glucosinolate.** Deren Abbauprodukte, beispielsweise **Senföle,** sind im menschlichen Körper gegen Bakterien und Hautpilze wirksam und können vor Krebs schützen.

Brokkoli enthält einen besonders wirksamen Mix an *Glucosinolaten.* Gekeimte Samen enthalten eine vielfach höhere Menge als das ausgewachsene Gemüse.

Vor allem in den Randschichten der Pflanzen finden sich verschiedene Arten von **Polyphenolen,** beispielsweise **Phenolsäuren** und **Flavonoide.** Sie schützen die Pflanzen bei Verletzungen vor dem Eindringen von Mikroorganismen. Sie können auch bei Menschen Entzündungen entgegenwirken. Außerdem helfen sie mit, Zivilisationsleiden wie Herzinfarkt, Schlaganfall und bestimmten Krebslei-

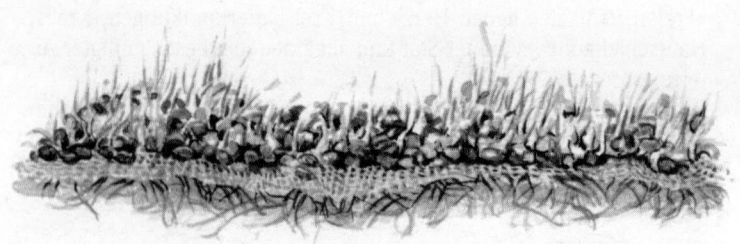

den vorzubeugen. Auch *Polyphenole* sind wirksame Radikalenfänger. Sojabohnen, Weizen und Radieschen sind gute Lieferanten.
*Carotinoide* verhindern bei den Pflanzen Verbrennungen durch Sonnenlicht. Im menschlichen Organismus schützen sie beispielsweise Augen und Haut vor schädigenden Einflüssen der UV-Strahlung. Sie entschärfen aggressive freie Radikale und können mithelfen, Herz- und Kreislauf-Erkrankungen oder Krebs vorzubeugen. Bekanntester Vertreter ist das ß-Carotin.
Carotinoide sitzen beispielsweise in Alfalfa-, Brokkoli- oder in Sojabohnenkeimen.
Trotz all dieser positiven Eigenschaften: Keime sind keine Allheilmittel und es ist davon abzuraten, den menschlichen Verdauungstrakt mit dem einer Ziege zu verwechseln und ihn nur noch mit rohen Keimen zu beschicken. Im Rahmen einer abwechslungsreichen vegetarischen Vollwerternährung sind rohe und schonend gegarte Keime wertvolle Lebensmittel.

## Unerwünschte Inhaltsstoffe

Neben den unzähligen »Gesundstoffen« in Keimen gibt es leider auch einige natürliche Gifte, mit denen die Pflanzen ihre Nachkommen vor dem Gefressenwerden schützen. Besonders die Hülsenfrüchte sind diesbezüglich ausgesprochen fürsorglich. Die reifen Samen und Hülsen enthalten *Trypsininhibitoren*, die beim Menschen die Verdauung behindern und *Hämagglutinine,* die Verklumpungen der roten Blutkörperchen verursachen können. Diese Gifte werden durch Kochen zerstört, beim Keimen jedoch nur zum Teil abgebaut.
Sicherheitshalber sollten Keimlinge von Bohnen, Erbsen und Kichererbsen blanchiert werden, falls sie nicht anderweitig bei der Zubereitung gegart werden.
Mungbohnen- und Linsenkeime gelten allgemein im rohen Zustand als unbedenklich. Meine eigene Erfahrung hat ebenfalls gezeigt, dass sie in rohem Zustand sehr bekömmlich sind. Mit letzter Sicherheit kann ich aber nicht ausschließen, dass sie bei empfindlichen Perso-

nen Beschwerden hervorrufen können. Entscheiden Sie daher am besten selbst, ob Sie Linsen- und Mungbohnenkeime vor dem Verzehr blanchieren, um auf Nummer Sicher zu gehen.

Auf Experimente mit Hülsenfrüchten, die nicht ausdrücklich zur Keimezucht bestimmt sind, sollten Sie sicherheitshalber verzichten. Grüne Gartenbohnen enthalten gesundheitsgefährdende Stoffe, die erst durch längeres Kochen zerstört werden. Lima- und Feuerbohnen enthalten größere Mengen Blausäure und sind daher ebenfalls nicht empfehlenswert.

In Alfalfasamen ist die Aminosäure **Canavanin** enthalten, die ebenfalls gesundheitsgefährdend sein kann. Allerdings gibt es in diesem Fall Entwarnung: Die Keimlinge gelten ab dem 6. – 7. Tag als unbedenklich, da der Stoff während des Keimprozesses abgebaut wird. Sie müssen jedoch voll ausgereift und ergrünt sein. Deshalb genügend Platz zum Wachsen geben, damit sich alle Keime voll entwickeln können und nicht zu einem Klumpen verwachsen. Am besten in Saatschalen ziehen.

Leider enthalten auch Keimlinge **Nitrat**, im Vergleich zu anderen Lebensmitteln sind sie jedoch nur gering belastet.

Der hohe Vitamin-C-Gehalt verhindert außerdem, dass aus Nitraten gesundheitsschädliche Nitrosamine gebildet werden.

Ein Tipp: Lieber etwas länger keimen, die Nitratmenge verringert sich dadurch erheblich. Auch durch Sonnenlicht wird Nitrat in den Samen abgebaut, daher ist es empfehlenswert, sie ans Fenster zu stellen.

Um Schadstoffe im Gießwasser zu minimieren, empfiehlt es sich, Filtergeräte, die zur Trinkwasserverbesserung im Haushalt gedacht sind, zu verwenden. Am einfachsten und preisgünstigsten sind Aktivkohlefilter, die schon einen beträchtlichen Anteil an unerwünschten Stoffen aussondern.

# Keimen leicht gemacht

Samen brauchen zum Keimen Feuchtigkeit, Wärme und gute Belüftung. Sie dürfen weder austrocknen noch zu lange mit Wasser bedeckt sein. Da die normale Zimmertemperatur auch die ideale Wachstumstemperatur vieler Keimlinge ist, kann man sie in jeder Küche ziehen.

Alle Keime kann man sozusagen »mit Haut und Haaren« essen, auch die Wurzeln sind genießbar. Bei manchen Sorten bilden sich dort feine Härchen, die an Schimmel erinnern. Es handelt sich dabei aber um feine Haarwurzeln, die ohne Bedenken verzehrt werden können.

Verschimmelte Keime riechen muffig. Sie sollten nicht mehr verwendet werden. Ausreichende Luftzufuhr und mit heißem Wasser gut gereinigte Keimgefäße helfen, Schimmelbildung zu verhindern.

## Keimen im Glas

Die meisten Samen lassen sich mit einer »Ausrüstung« zum Keimen bringen, die in jedem Haushalt vorhanden ist: Ein **Einmachglas**, ein **Gummiring** und ein Stück **Vorhangstoff** (ca. 30 × 30 Zentimeter), dessen Gewebe so eng ist, dass die Samen nicht hindurchfallen können. Der Vorhangstoff sollte aus Kunstfasern bestehen, da er ständiger Nässe ausgesetzt ist und Naturfasern dabei faulen oder schimmeln würden.

Die Samen werden über Nacht im Einmachglas in Wasser eingeweicht. Am Morgen das Glas mit dem Stoff bedecken und diesen mit dem Gummiring befestigen. Das Wasser durch den Stoff hindurch abschütten und das Glas mit der Öffnung nach unten in eine Schüssel oder auf ein Ablaufbrett stellen. Wichtig dabei: Es muss leicht gekippt stehen, damit die Luft zirkulieren kann. Das Glas wirkt wie ein Treibhaus mit idealen Wachstumsbedingungen.

Die Keime zwei- bis dreimal täglich bewässern, um sie mit frischem Wasser zu versorgen und Fäulnisbildung durch stehende Feuchtig-

Für Einsteiger: Ein Einmachglas und etwas Stoff genügen

keit zu vermeiden: Das Glas durch den Stoff hindurch mit Wasser, das Zimmertemperatur haben sollte, füllen, etwas schwenken und wieder abschütten. Leicht gekippt stehen lassen. Nach 2 – 4 Tagen kann geerntet werden.

Achtung: Nie zu viele Samen in ein Glas füllen. Sie brauchen viel Platz, um sich auszudehnen. Auch bei großen Sorten, wie z. B. Erbsen oder Mungbohnen, müssen die Keime, die mehr Volumen haben als das trockene Saatgut, noch Platz im Glas haben. Bei kleinen Samen darf die Menge nicht zu groß werden, da sich die unten liegenden Keimlinge nicht richtig entfalten können.

Für alle Samen, die kleiner als Weizen sind, ist das Keimen im Glas nur als Einstiegsmethode empfehlenswert. Sie fühlen sich wohler, wenn sie in einer Schale ausgebreitet sind. Das Einmachglas eignet sich nicht für Samen, die als Schutzhülle beim Keimen eine Schleimschicht bilden. Das sind besonders Kresse und Rucola.

# Keimen mit Keimgeräten

In Reformhäusern und Naturkostläden gibt es meist ein gutes Sortiment an speziellen Keimgeräten. Wie beim Keimen im Glas müssen die meisten Samen auch bei der Anzucht in diesen Geräten über Nacht eingeweicht und zwei- bis dreimal täglich mit frischem Wasser durchspült werden.

Bei den Samenmengen gilt als Faustregel: In einer Schale sollten nie mehr Samen sein, als nebeneinander Platz haben.

## Profi-Keimgläser

Nach dem Prinzip der »Einmachglas-Bastellösung« sind zylindrische Gefäße aus Glas oder durchsichtigem Kunststoff mit perforiertem Schraubdeckel aufgebaut. Manche Modelle haben zusätzlich spezielle Poren im Boden. Diese Keimgläser oder –boxen sind leichter zu handhaben, Belüftung und Bewässerung können damit optimiert werden. Die meisten Geräte haben eine praktische Wasserauffangschale, das Gefäß kann darin leicht gekippt aufgestellt werden. Natürlich gilt auch hier: Für schleimbildende Samen sind solche Geräte weniger geeignet.

Keimgläser mit perforiertem Deckel sind preiswert und deshalb vor allem für den Anfang und zum Ausprobieren sinnvoll.

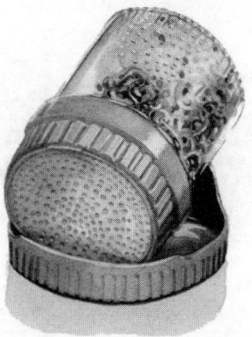

Ein perforierter Deckel ersetzt beim Keimglas das Tuch

## Gestapelte Saatschalen

Größere Keim-Apparate funktionieren nach dem Prinzip des römischen Brunnens: Die Keime wachsen in übereinander gestapelten Schalen, durch die das Gießwasser von der oberen zur untersten Schale durchfließen kann. Den Boden bildet eine Wasserauffangschale, obenauf sitzt ein Deckel.

Je nach Geschmack kann zwischen Schalen aus durchsichtigem Kunststoff oder Ton gewählt werden.

Bei den »Kunststoff-Minitreibhäusern« wird der Wasserfluss von einer Schale in die andere auf unterschiedliche Weise ermöglicht: Entweder der Boden ist gelocht oder jede Schale hat einen Abfluss mit Kappe darüber, damit keine Samen hineingespült werden. Bei diesen Geräten hat der Boden dünne Rillen, in die auch kleine Samen nicht hineinfallen können. In diesen Rillen bleibt das Wasser stehen. Die Samen liegen auf den Stegen zwischen den Rillen über dem Wasser. Die Tonkeimer funktionieren nach dem »Löcher-im-Boden-Prinzip«. Hier wird Wasser in den Poren der unglasierten Tonwände gespeichert und langsam wieder abgegeben.

Gestapelte Schalen aus Ton oder Kunststoff bilden ein Mini-Treibhaus

Jedes Gerät hat seine Vor- und Nachteile. Nachteil aller Geräte mit gelochtem Boden: Sehr kleine Samen wie Alfalfa oder Rucola setzen sich in die Löcher und verstopfen sie. Deshalb muss man sie, bis sie eine gewisse Größe haben, mit Vliespapier (gibt es im Fachhandel) unterlegen. Das Papier kann jedoch zum Tummelplatz unerwünschter Mikroorganismen werden und sollte deshalb rechtzeitig ausgewechselt oder entfernt werden – möglichst, bevor es wie ein feuchter Spüllappen riecht.

In den durchsichtigen Plastikschalen werden die Pflänzchen sehr bald grün. Man kann das durch Abdecken mit einem Tuch verhindern, wie manche Samenlieferanten es zum Ankeimen empfehlen.

Schalen mit geriffeltem Boden sind am vielseitigsten zu verwenden. Darin keimen sogar schleimige Samen in der Regel problemlos ohne Unterlage, da die Rillen den Schleim aufnehmen. Sogar das Einweichen der Samen ist bei manchen Sorten nicht unbedingt notwendig (es schadet aber natürlich auch nicht).

In Tonkeimern bleiben die Keime wegen der permanenten Dunkelheit farblos, werden aber besonders knackig. Die feuchten Tonschalen simulieren die Bedingungen während des natürlichen Keimvorganges im Boden am besten. Durch das poröse Material kann außerdem die Luft gut zirkulieren.

Leider können sich aber in den Poren des Tones auch unerwünschte Mikroorganismen absetzen. Deshalb sollten sie immer gründlich gereinigt werden. Bei den Pflanzensorten, die man als grüne Keime essen will, muss man natürlich gegen Ende der Wachstumszeit den Deckel abnehmen.

## Keimgeräte mit Gießautomatik

Wer ganz groß in den Keimeanbau einsteigen will, aber keine Zeit hat, sich um das regelmäßige Gießen zu kümmern, kann sich einen Automaten mit Kunststoffschalen und Bewässerungsanlage anschaffen. Wie in den Saatschalen liegen die Samen darin übereinander auf wasserdurchlässigen Gittern, eine eingebaute Pumpe sorgt für regelmäßige Bewässerung durch einen Gießkopf, der über den Tabletts angebracht ist.

Da das Gerät relativ groß und teuer ist, ist es für den Anfang weniger zu empfehlen. Wer sich jedoch sicher ist, Keime auf Dauer in seinen Speisezettel aufzunehmen und ausreichend Stellfläche in der Küche hat, kann durchaus über eine derartige Investition nachdenken. Auch Samen mit besonderen Ansprüchen, wie Kresse und Alfalfa, keimen darin problemlos.

Spezialität: Durch Beschweren der Samen kann man darin besonders dicke Bohnenkeime ziehen (siehe Seite 24).

## Gründliche Reinigung

Alle Gerätschaften sollten gründlich mit heißem, klarem Wasser und einer Bürste gereinigt werden. Keine Spülmittel verwenden, sie können das Wachstum der Keime behindern.

Den Tonkeimer kann man auch auskochen. Hierzu immer gefiltertes Wasser verwenden, damit der bei hohen Temperaturen ausfallende Kalk die Poren nicht verstopft. Falls Sie mit Einmachglas keimen, den Vorhangstoff gelegentlich in der Maschine mitwaschen.

Bei den Keimgeräten können sich kleine Körner und Wurzeln in die Rillen bzw. Löcher setzen. Sie müssen sorgfältig mit einer Stopfnadel oder einem Zahnstocher entfernt werden, da sie sonst faulen und neue Samen anstecken. Wurzeln, die sich in Ritzen festgewurzelt haben, sind leichter zu entfernen, wenn man sie austrocknen lässt.

## Tipps und Tricks

Wenn man sich an die genannten Regeln hält, kann eigentlich kaum etwas schief gehen. Trotzdem die Keime bei jedem Bewässern genau überprüfen! Schimmel oder Fäulnis machen sich am ehesten durch unangenehmen, muffigen oder sauren Geruch bemerkbar. Manchmal lassen sich die noch gesunden Keime retten, wenn man die befallenen aussortiert und etwas häufiger und intensiver spült. Schimmel und Moder bilden sich, wenn die Samen zu feucht sind oder zu eng liegen. Darauf achten, dass das Wasser nach dem Bewässern gut abtropfen kann. Auch schlechte Belüftung kann schuld sein, dann sind zu viele Samen im Keimbehälter.

O Im Sommer sollte man allgemein öfter bewässern, da die höheren Temperaturen Fäulnisbildung begünstigen.

O Wenn Samen oder Keime vertrocknen, haben sie zu wenig Wasser. Regelmäßig Bewässern hilft garantiert.

O Bei Samen, die trotz allem nicht keimen wollen, wurde die Keimfähigkeit durch falsche Behandlung oder Lagerung zerstört. Spätestens nach dem dritten fehlgeschlagenen Versuch das Saatgut wegwerfen oder – wenn es sich um Hülsenfrüchte handelt – anderweitig verwenden.

O Wer zu viele Keime auf einmal gezogen hat, die alle am gleichen Tag reif werden, kann die Reste im Kühlschrank einige Tage aufbewahren. Einfach das Keimgefäß kalt stellen und regelmäßig weiterbewässern. Das Wachstum verlangsamt sich drastisch und die Keimlinge bleiben frisch. Natürlich sind solche Keime nicht mehr so gehaltvoll wie zum idealen Reifetermin, aber in der Praxis lässt sich dieser natürlich nicht immer genau abpassen.

## Mungbohnen unter Druck

Es gibt eine Frage, die ich lange mit mir herumgetragen habe: Wie werden die Bohnenkeime hergestellt, die man in chinesischen Lokalen serviert oder die man in Konserven zu kaufen bekommt? Aus keinen meiner Samen wuchsen solche Keime. Schließlich bin in auf die Antwort gestoßen: Man muss Mungbohnen unter Druck setzen. Stapeln Sie mindestens zwei Schichten eingeweichter Bohnen übereinander in eine Keimschale und beschweren Sie diese mit einem Teller. Sie brauchen etwas länger und müssen öfter gegossen werden, dann wachsen sie zu dicken Bohnenkeimen heran. Optimale Ergebnisse erzielen Sie in einem Keimgerät mit automatischer Bewässerung. Selbst der eifrigste Keimegärtner kommt nicht auf die Sprenkelfrequenz dieser Geräte. Die Qualität der Keime steigt nämlich mit der Anzahl und Regelmäßigkeit der Gießgänge.

# Das Keimgut

Grundsätzlich keimen natürlich alle Samen. Manche brauchen spezielle Bedingungen und viel Zeit, viele schmecken nicht und einige sind, wie Gartenbohnenkerne, völlig ungeeignet, da sie Giftstoffe enthalten.

Im folgenden Kapitel werden die gängigsten Sorten, die im Handel gut erhältlich sind, aufgeführt.

Oberste Regel: Niemals Samen verwenden, der zur Aussaat ins Freiland vorgesehen ist! Diese Samen sind in der Regel gegen Schädlinge und Pilzbefall gebeizt. Die kurze Wachstumszeit bei der Keimezucht reicht nicht aus, um diese Giftstoffe abzubauen.

Naturkostläden und Reformhäuser führen viele naturbelassene Sämereien, die speziell für die Keimezucht bestimmt sind. Inzwischen haben auch verschiedene Samenhäuser ein beachtliches Sortiment für die Keimebox aufgebaut, das im Lebensmittelhandel oder in Agrar- und Gartenmärkten angeboten wird.

Mit diesen Samen hat man als Anfänger gleich den gewünschten Erfolg. Man kann aber durchaus auch Hülsenfrüchte, die zum Kochen gedacht sind, verwenden. Zerbrochene oder beschädigte Samen sollten sorgfältig aussortiert werden. Diese keimen nicht, sondern gehen in Gärung über und gefährden dadurch das Wachstum der gesunden Keime. Natürlich hat man nicht, wie bei den eigens dafür gedachten Samen, die absolute Keimgarantie. Aber was macht das? Wenn die Kichererbsen einer Partie nicht keimen wollen, wandern sie eben ungekeimt in den nächsten Eintopf!

Achtung: nie geschälte Produkte verwenden, da beim Schälen der Samen oft verletzt wird und seine Keimfähigkeit verliert (Ausnahme: Sonnenblumenkerne).

Auf der Suche nach geeignetem Saatgut lohnt es sich, türkische oder asiatische Lebensmittelhändler zu besuchen. Man findet dort manchmal interessante Anregungen. Türkische Lebensmittelläden bieten z. B. oft günstig Kichererbsen an. Wer besonderen Wert auf

Samen aus kontrolliert biologischem Anbau legt, sollte natürlich nur in Reformhäusern und Naturkostläden kaufen. Nutzen Sie auch das reichhaltige Angebot dieser Geschäfte an Getreide. Da die dort angebotenen Produkte unbehandelt sind, eignen sich fast alle zum Keimen.

Getreide, das wie Grünkern durch Hitze oder Gerstengraupen durch Abschleifen vorbehandelt wurde, keimt natürlich nicht.

# Von Adzuki bis Weizen

Im Folgenden werden 16 Pflanzenarten vorgestellt, aus deren Samen sich leckere und nahrhafte Keime ziehen lassen.
Sie erfüllen folgende Kriterien:

○ einfache Keimung
○ problemlos zu beschaffen
○ guter Geschmack

Die Neuentdeckung in den Keimsaat-Sortimenten sind für mich Rucola und Brokkoli. Außerdem sind in letzter Zeit viele Saatmischungen auf den Markt gekommen, die nicht eigens vorgestellt werden. Es bleibt Ihrer Kreativität überlassen, Mischungen selbst herzustellen oder auf fertige zurückzugreifen. Wichtig ist, dass alle Samen in einem Mix etwa die gleiche Zeit zum Wachsen brauchen.
Die folgende Liste erhebt keinen Anspruch auf Vollständigkeit, schon allein deshalb, da immer wieder neue Saaten auf dem Markt erscheinen. Die Sorten sind auf den nächsten Seiten in alphabetischer Reihenfolge steckbriefartig dargestellt. Sie erfahren einiges über die Pflanzen, ihre Verwendung und Geschichte und natürlich, wie man die Samen am besten zum Keimen bringt. Außerdem habe ich einzelne, besonders bemerkenswerte Inhaltsstoffe herausgegriffen.
Unter dem Stichwort »Keimdauer« habe ich die Mittelwerte aus meinen Anbauversuchen zusammengefasst. Es gibt jahreszeitliche Schwankungen, im Winter dauert das Wachstum etwas länger. Bei manchen Keimen ist es Geschmackssache, ob man sie etwas länger wachsen lässt. Sicher wird auch Ihre individuelle »Wochenplanung« den Erntezeitpunkt bestimmen und manchmal durcheinander bringen. Ein bisschen Flexibilität können Sie erzielen, wenn Sie die Keimschalen in den Kühlschrank stellen. Die Pflänzchen wachsen dann langsamer, bleiben aber frisch.

# Adzukis oder rote Bohnen

Adzukibohnen (manchmal auch unter den Namen *Azuki-* oder *Adukibohnen* zu finden) kommen ursprünglich aus Japan. Die beste Qualität gedeiht auf Hokkaido. Sie werden heute in größerem Maße auch in China angebaut, seit einiger Zeit kultiviert man sie auch in den Mittelmeerländern.

Adzukibohnen stellen bei ihrer Vermehrung sehr hohe Ansprüche an Bodenbeschaffenheit und Klima und bringen einen verhältnismäßig geringen Ertrag. Daraus resultiert auch ihr relativ hoher Preis.

Sie werden wegen ihres feinen Aromas geschätzt. In der chinesischen Küche bereitet man daraus z. B. süßes Mus. Keime von roten Bohnen eignen sich besonders als Zutat zu gedünstetem Gemüse.

Wir essen den Keim, wenn die Wurzel gewachsen ist und kurz bevor sich die Keimblätter entfalten.

**Keimdauer:** 5 Tage, eine Nacht und einen Tag einweichen, zwei- bis dreimal täglich bewässern.

**Tipps und Tricks:** Adzukis keimen langsamer als Mungbohnen, beim Einweichen darauf achten, dass sich auch wirklich alle voll gesogen haben, sie reagieren sehr unregelmäßig. Etwa ein Drittel der eingeweichten Bohnen haben noch die ursprünglich Größe, wenn die anderen ihren Umfang schon verdoppelt haben.
Keimen im Glas und in Keimgeräten.
**Vor dem Verzehr blanchieren.**

**Inhaltsstoffe:** Kohlenhydrate und hochwertiges Eiweiß; B-Vitamine; Eisen und Kalzium.

## Alfalfa oder Luzerne

Alfalfa ist eine Kleesorte, die bei uns unter dem Namen Luzerne besser bekannt ist und als Viehfutter verwendet wird. Der Name ist arabisch und bedeutet »gutes Futter«. Die sehr ausdauernde Pflanze kann bis zu 25 Jahre alt werden und bildet dabei ein beachtliches Wurzelwerk von bis zu 4 Kilometern Länge aus, das 30 Meter in die Tiefe gehen kann.

Alfalfa schmeckt sehr gut roh in Salaten oder als Brotbelag. Auch kann man es gut für Suppen verwenden, in die man es zum Schluss einstreut. Junge Alfalfakeime haben einen milden Geschmack. Je älter sie werden, desto mehr Bitterstoffe bilden sie und schmecken dann deshalb etwas herber.

Wir essen die grünen Pflänzchen mit Blättern und Wurzeln.

**Keimdauer:** 6 – 8 Tage, über Nacht einweichen, zweimal täglich bewässern.

**Tipps und Tricks:** Im Glas besteht die Gefahr, dass Pflänzchen in der Mitte des Keimegewirrs nicht richtig ausreifen. Deshalb besser Saatschalen benutzen.
**Luzernesamen sollten 6 – 7 Tage keimen, damit gesundheitsgefährdendes Canavanin vollständig abgebaut wird.** Die Pflänzchen sollten voll ergrünt sein. Nach dem 8. Tag geht die milde Süße sehr schnell verloren und die Pflänzchen schmecken grasig. Keimen in Keimgeräten mit Rillen oder Löchern im Boden, bei gelochten Geräten Vliespapier unterlegen. Wenn die Pflänzchen zu hoch werden, einfach den Deckel abnehmen. Da der Samen sehr fein ist, setzt er sich gern in Löcher und Rillen. Eingeweicht sind die Körner etwas größer. Man kann Abhilfe schaffen, indem man sie auf feuchtem Vliespapier vorkeimt, bis sie etwas größer geworden sind

**Inhaltsstoffe:** Vitamin C, ß-Carotin, B-Vitamine; Kalium, Phosphor, Eisen und Magnesium.

# Bockshornklee

Bockshornklee ist der Luzerne verwandt und wächst hauptsächlich in Asien und Afrika, aber auch in den Mittelmeerländern. Seinen Namen trägt er wegen der gebogenen, spitzen Samenhülsen. Er gilt wegen seines hohen Vitamingehaltes und der schleimbildenden Bestandteile von alters her als Heilpflanze. Noch zu Anfang des Jahrhunderts fand er in der Tierheilkunde Verwendung.

Wussten Sie schon, dass Bockshornklee einer der Hauptbestandteile von Curry ist? Er gibt dieser Gewürzmischung den typischen Geschmack.

Eine verwandte Pflanze, der »blaue Bockshornklee« oder »Schabzigerklee«, der in den Mittelmeerländern wächst, liefert das Gewürz für den berühmten Schabzigerkäse.

Bockshornklee schmeckt sehr streng. Deshalb sollten die Keime nur sehr vorsichtig und gezielt als Würzzutat verwendet werden. In Maßen verwendet, kann man damit jedoch besonders interessante Geschmackskompositionen zusammenstellen.

Bockshornklee keimt problemlos und ist deshalb für Anfänger sehr geeignet.

Wir essen den Keim, bevor sich die Keimblätter entfalten.

**Keimdauer:** 2 – 3 Tage, Einweichen schadet nicht, ist aber nicht unbedingt nötig, zweimal täglich bewässern.

**Tipps und Tricks:** Am 2. und 3. Tag sind die Keime bittersüß mit dem typischen Currygeschmack, danach werden sie ganz schnell unangenehm bitter. Keimt im Glas oder im Keimgerät. Achtung, fällt durch zu große Löcher hindurch, braucht Vliespapier.

**Inhaltsstoffe:** Eisen und Phosphor; wertvolle ätherische Öle und appetitanregende Bitterstoffe.

# Brokkoli oder Spargelkohl

Der inzwischen auch bei uns zu den Standard-Gemüsen zählende Verwandte des Blumenkohles kommt ursprünglich aus Italien. Er gehört in die Familie der Kreuzblütler. Wir verzehren den noch geschlossenen Blütenstand, der nicht wie bei Blumenkohl zu einem geschlossenen Kopf zusammenwächst. Von seinem »alteingesessenen« Vetter unterscheidet er sich auch durch die grüne Farbe und den etwas schlankeren Wuchs.

Bedeutung für unsere Gesundheit hat der Brokkoli durch seinen Vitamingehalt und seine besondere Mischung von sekundären Pflanzenstoffen. Keime enthalten eine viel höhere Konzentration dieser Stoffe als die erwachsene Pflanze (siehe dazu Seite 13).

Wir essen die Pflänzchen mit grünen Blättern und Wurzeln.

**Keimdauer:** 4 Tage, nicht einweichen, zwei- bis dreimal täglich bewässern.

**Tipps und Tricks:** Schon am 2. Tag sprießt erstes Grün, das kohlig, aber süß schmeckt. Der Geschmack wird immer kräftiger, wer möchte, kann die Pflänzchen auch nach dem 4. Tag weiterwachsen lassen. Später bilden sich Faserwurzeln. Keimt am besten in Keimgeräten mit gerilltem Boden.

Gläser sind schlecht geeignet, weil der Samen leicht glitschig wird und verkleben kann. Besonders an den ersten Tagen riechen die Samen streng nach Kohl. Abhilfe schafft ausreichendes Bewässern. Gestapelte Saatschalen zum Lüften auseinander nehmen.

Blumenkohl und Kohlrabi können ähnlich behandelt werden wie Brokkoli, wenn man an geeignetes, unbehandeltes Saatgut herankommt.

**Inhaltsstoffe:** B-Vitamine, reichlich Vitamin C; Kalium, Magnesium, Kalzium, Eisen; Carotinoide, Polyphenole, Senföle.

# Erbsen

Die Erbse gehört zu den Hülsenfrüchten. Die Heimat der Erbsen ist der Orient, wo sie schon in vorgeschichtlicher Zeit als Nahrung dienten. Im Volksglauben galten Erbsen lange als Fruchtbarkeitssymbol. Erbsen kann man als reife getrocknete Frucht, als unreife »grüne« Erbsen und manche Sorten sogar als »Zuckererbsen« mit der Schote essen.

Erbsen keimen problemlos. Fast immer lassen sich Keime aus den handelsüblichen Suppenerbsen ziehen. Die Erbsenkeime haben einen ähnlichen Geschmack wie die beliebten »grünen Erbsen«.

Wir essen die Keime mit der Wurzel, wenn sich die Keimblätter gerade entfalten wollen.

**Keimdauer:** 3 – 4 Tage, über Nacht einweichen, zweimal täglich bewässern.

**Tipps und Tricks:** Am 3. Tag sind die Erbsenkeime besonders süß und knackig. Nie geschälte Erbsen verwenden. Erbsen, die zum Kochen gedacht sind, immer verlesen und beschädigte Exemplare aussondern.
Keimen im Glas und in Keimgeräten.
**Vor dem Verzehr blanchieren.**

**Inhaltsstoffe:** B-Vitamine, Vitamin C, ß-Carotin; Kalzium, Eisen, Kalium, Magnesium, Zink; Carotinoide.

# Kichererbsen

Kichererbsen sind Hülsenfrüchte und werden heute hauptsächlich in Indien und Pakistan, aber auch in den Mittelmeerländern angebaut. Die Pflanze ist anspruchslos und verträgt Hitze.

In der arabischen Küche sind Kichererbsen sehr beliebt. Dort sind sie eines der Grundnahrungsmittel. Besonders verbreitet ist »Hummous«, ein Brei aus gekochten Kichererbsen. Man bereitet auch kleine frittierte Bällchen aus Kichererbsen zu. Kichererbsen haben eine lange Geschichte. Man hat Samen gefunden, die die Ägypter im 14. Jahrhundert vor Christus dem Pharao Tutanchamun als Nahrung fürs Totenreich mit ins Grab gaben.

Kichererbsen keimen problemlos. Sie sollten vor dem Verzehr blanchiert werden, da die rohen Keime gesundheitsschädliche *Hämagglutinine* enthalten (siehe dazu Seite 15).

Der Geschmack ist kräftig und würzig. Kichererbsenkeime eignen sich für alle Sorten von Gemüsemischungen.

Wir essen die Keime mit der Wurzel, wenn die Keimblätter sich gerade entfalten wollen.

**Keimdauer:** 3 Tage, über Nacht einweichen, zwei- bis dreimal täglich bewässern.

**Tipps und Tricks:** Keimen in Keimgeräten und im Glas problemlos. Beim Einweichen brauchen sie viel Platz, sonst verkeilen sie sich und können sogar das Gefäß sprengen. Bilden Gase und sollten ab und zu gelüftet werden.
**Vor dem Verzehr blanchieren.**

**Inhaltsstoffe:** Kohlenhydrate, hochwertiges Eiweiß; B-Vitamine, Vitamin C, ß-Carotin; Eisen, Kalium, Zink.

# Kresse

Kresse gehört, wie der Brokkoli, zu den Kreuzblütlern. Sie ist dafür berühmt, dass sie schnell keimt. Ihre eigentliche Heimat ist der vordere Orient, aber auch bei uns wurde sie schon im frühen Mittelalter kultiviert.

Kressekeime sind vielseitig verwendbar.

Enthaltene Senföle wirken antibiotisch gegen Bakterien und Hautpilze. Regelmäßiger Verzehr beugt wirksam Erkältungen vor. Kresse regt die Verdauung an.

Wir essen die grünen Pflänzchen mit Wurzeln und Blättern.

**Keimdauer:** 4 – 7 Tage, nicht einweichen, zwei- bis dreimal täglich bewässern.

**Tipps und Tricks:** Kressesamen bilden, sobald sie mit Wasser in Berührung kommen, eine Schleimschicht, die das Korn umschließt. Deshalb sind sie ungeeignet für Keimgläser. Die Samen würden verklumpen. Am besten wachsen sie in gerillten Saatschalen.

Wenn sie in gelochten Schalen gezogen werden, ist ein Vliespapier notwendig. Auch nach dem 7. Tag können sie noch weiterwachsen.

Kresse hat einen kräftigen Eigengeschmack, der umso stärker wird, je länger die Keime wachsen. Die Keime werden jedoch nicht grasig, wenn sie längere Zeit wachsen.

Wenn die Schale zu eng wird, Deckel abnehmen.

**Inhaltsstoffe:** B-Vitamine, Vitamin C, ß-Carotin; Kalium, Kalzium, Eisen; Carotinoide, Senföle, Polyphenole.

# Linsen

Linsen sind Hülsenfrüchte und zählen zu den ältesten Kulturpflanzen. Aus archäologischen Funden, z. B. in Israel, weiß man, dass sie schon seit Jahrtausenden kultiviert werden. In Indien wachsen rote Linsen, sie gehören dort zu den Grundnahrungsmitteln. Die europäischen Sorten sind braun bis braunschwarz.

Linsen gedeihen auf trockenem, kalkreichen Boden in warmen Gegenden. Sie sind die am leichtesten verdaulichen Hülsenfrüchte. Sie keimen leicht und eignen sich vor allem zu Gemüsen und als Suppeneinlage. Auch gekeimt behalten sie ihren kräftigen arttypischen Geschmack, werden aber knackiger.

Wir essen die Keime mit der Wurzel, wenn die Keimblätter sich gerade entfalten wollen.

**Keimdauer:** 2 – 3 Tage, über Nacht einweichen, zwei- bis dreimal täglich bewässern.

**Tipps und Tricks:** Keimen in Keimgeräten und im Glas problemlos. Ab dem 3. Tag öffnen sich ganz schnell die Blätter. Immer ungeschälte Linsen verwenden. Schadhafte Samen auslesen.
**Vor dem Verzehr vorsichtshalber blanchieren.**

**Inhaltsstoffe:** Hochwertiges Eiweiß und Kohlehydrate; ß-Carotin, B-Vitamine, Vitamin C; Kalium, Kalzium, Eisen.

# Mungbohnen

Mungbohnen (manchmal auch unter dem Namen *Mungobohnen* im Handel) werden vor allem in China und Amerika angebaut. Wussten Sie schon, dass chinesische Glasnudeln aus gemahlenen Mungbohnen bestehen?

Da Keime aus Mungbohnen relativ neutral schmecken und ausgesprochen knackig sind, lassen sie sich zu vielfältigen Gerichten verarbeiten.

Man kann sie für Gemüse und Suppen aller Art verwenden. Sie schmecken auch, wenn man sie in Essig einlegt.

Wir essen den Keim mit der Wurzel, wenn sich gerade die Keimblätter öffnen wollen.

**Keimdauer:** 2 – 3 Tage, über Nacht einweichen, zweimal täglich bewässern.

**Tipps und Tricks:** Mungbohnen keimen sehr leicht und eignen sich sehr gut, um mit der Keimzucht anzufangen. Keimen in Gläsern und Schalen.

Sojabohnenkeimlinge, die Sie von chinesischen Gerichten kennen, werden meist aus Mungbohnen gezogen, sehen aber anders aus als die Keimlinge, die in Ihren Keimschalen wachsen. Beschweren Sie Ihre Samen im Keimgerät mit einem Teller, bewässern Sie etwas öfter und lassen Sie die Keime 2 Tage länger wachsen. Sie werden staunen, wie dick sie werden. Wenn Sie besonderen Wert auf dicke Sojasprossen legen, lohnt sich ein Keimgerät mit automatischer Bewässerung, da selbst der eifrigste Küchengärtner nicht auf die »Gießrate« dieses Apparates kommt.

**Vorsichtshalber blanchieren.**

**Inhaltsstoffe:** Kohlenhydrate, wertvolles Eiweiß; B-Vitamine, Vitamin C; Kalzium, Eisen, Kalium, Magnesium.

# Rettich

Der Rettich gehört zu den Kreuzblütlern. Er stammt ursprünglich wahrscheinlich aus Asien, ist aber schon sehr lange auch in Europa heimisch.

Rettich wurde früher als Heilpflanze gegen Gallen-, Leber und Bronchialleiden verwendet. Rettichkraut stabilisiert die Magensekretion und fördert so die Verdauung. Dafür sind die auch in den Keimlingen in hoher Konzentration vorhandenen Senföle verantwortlich, die unter anderem auch antibiotisch wirken.

Wir essen die kleinen Pflänzchen mit Wurzeln und grünen Blättern. Radieschensamen sind genauso zu behandeln wie Rettichsamen.

**Keimdauer:** 3 – 4 Tage, über Nacht einweichen schadet nicht, ist aber nicht unbedingt nötig, zwei- bis dreimal täglich bewässern.

**Tipps und Tricks:** Rettichsamen keimen problemlos. Ab dem 2. Tag sind schon die kleinen Pflänzchen zu erkennen. Es bilden sich schnell Wurzelhärchen.

Nach dem 5. Tag sind sie immer noch essbar, aber extrem scharf. Sie haben einen ähnlich scharfen Geschmack wie die Rettichwurzeln. Er wird durch die ätherischen Senföle in der Pflanze verursacht. Rettichsamen sollte man in kleinen Mengen als Würzzutat verwenden. Wegen der antibiotischen Wirkung der Senföle ist es sinnvoll, anderen Samen beim Keimen etwas Rettich beizumengen. Die Rettichkeime verhindern Bakterien- und Schimmelbefall.

Rettich keimt am besten in gerillten Saatschalen, weil die Samen verhältnismäßig klein sind und die Pflänzchen am besten nebeneinander wachsen.

**Inhaltsstoffe:** B-Vitamine, Vitamin C; Kalium, Kalzium, Eisen; Senföle, Polyphenole.

# Roggen

Roggen ist eines der wichtigsten Brotgetreide. Er wurde schon in frühgeschichtlicher Zeit in Südosteuropa kultiviert. Roggen ist widerstandsfähig und kälteunempfindlich. Er liefert ein dunkles, kräftiges Mehl. Roggenbrot ist würzig und fest. Meist wird für Brot eine Mischung aus Roggen- und Weizenmehl verwendet, da Roggen weniger gute Backeigenschaften als Weizen hat.

Roggen keimt sehr leicht und problemlos. Er eignet sich für alle süßen und salzigen Rohkostgerichte oder auch als Gemüse.

Wir essen den Keimling mit Wurzeln und grünem Blattkeim.

**Keimdauer:** 2 – 5 Tage, je nach Geschmack, über Nacht einweichen, zweimal täglich bewässern.

**Tipps und Tricks:** Roggen keimt problemlos und schnell, schon nach 2 Tagen erscheinen Wurzeln und der winzige Keimling, der zuckersüß schmeckt. Es bilden sich schnell Wurzelhärchen.

Mit Roggenkeimen kann man gut optische Akzente setzen, sie sind am Anfang auberginefarben, bevor sie grün werden. Nach dem 5. Tag erscheint das zweite Blatt, die Keime werden dann schnell grasig und verlieren ihre Süße.

Beschädigte Körner sollten ausgelesen werden.

Keimt problemlos in Gläsern und in Keimgeräten.

**Inhaltsstoffe:** Kohlenhydrate, hochwertiges Eiweiß; B-Vitamine, Vitamin E; Kalium, Magnesium.

# Rucola oder Salatrauke

Die Salatrauke gehört zu den Kreuzblütlern und ist mit Meerrettich und Kresse verwandt. Ihre Heimat ist das Mittelmeergebiet. Seit der Antike werden die würzigen Blätter in der Küche verwendet. Im Mittelalter wurde sie als verdauungsförderndes Mittel geschätzt. Sie wirkt anregend und stärkt das Immunsystem.

In den letzten Jahren hat Rucola, besonders als Salatzugabe oder auf Pizza, bei uns immer mehr Liebhaber gefunden.

Die Samen werden zu manchen Senfmischungen hinzugefügt. Rucola lässt sich auch in unseren Breiten problemlos kultivieren, es gibt einjährige, aber auch winterharte, mehrjährige Sorten. Während der ganzen Vegetationsperiode kann man die Blätter ernten, die entfernt an Löwenzahn erinnern. Ihr Geschmack ist außerordentlich intensiv und würzig scharf.

Wir essen die ganzen Pflänzchen mit Wurzeln und grünen Blättern.

**Keimdauer:** 4 – 6 Tage, auf keinen Fall einweichen, ein- bis zweimal täglich bewässern.

**Tipps und Tricks:** Die Verwandtschaft zu Kresse zeigt sich nicht nur im scharfen Geschmack. Wie Kresse umgeben sich die Rucolasamen mit einer schützenden Schleimschicht, sobald sie mit Wasser in Berührung kommen und anfangen zu keimen. Deshalb eignen sie sich keinesfalls zum Keimen im Glas. Sie sind am besten in einer Saatschale mit gerilltem Boden aufgehoben. Die Samen bilden beim Keimprozess unangenehm riechende Gase, deshalb gut belüften. Wenn Sie Rucola in gestapelten Schalen ziehen, die Schalen regelmäßig auseinander nehmen.

Es bilden sich bald Wurzelhärchen. Nach dem 6. Tag werden die Keime nicht ungenießbar, nur immer schärfer und strenger.

**Inhaltsstoffe:** Vitamin C, B-Vitamine; Kalium, Kalzium; Carotinoide, Senföle, Polyphenole.

# Senf

Senf stammt ursprünglich aus dem Mittelmeerraum. Heute ist er in ganz Europa und Amerika verbreitet. Senfkörner finden schon lange als Gewürz Verwendung. Gemahlen dienen sie als Grundlage für Tafelsenf. Das Pulver wird mit Wein, Wasser oder Essig, Zucker und anderen Aromastoffen vermengt.

Senf ist darüber hinaus auch eine Heilpflanze. Er reguliert die Darmflora, früher verwandte man Senfpflaster als Mittel gegen Hautausschläge. Die Senföle regen die Sekretion der Verdauungsorgane an und wirken antibiotisch.

Senfkeime haben einen scharf-aromatischen Geschmack und können als Würzzutat rohen Salaten oder auch gekochten Gerichten hinzugefügt werden.

Wir essen die kompletten Pflänzchen mit Wurzeln und grünen Blättern.

**Keimdauer:** 3 – 5 Tage, nicht einweichen, zwei- bis dreimal täglich bewässern.

**Tipps und Tricks:** Senfsamen bilden zwar keine ausgeprägte Schleimschicht wie Kresse und Rucola, werden aber etwas glitschig, wenn sie mit Feuchtigkeit in Berührung kommen. Sie fühlen sich in gestapelten Saatschalen mit geriffeltem Boden am wohlsten.

Am Anfang des Wachstumsprozesses bildet Senf stark riechende Gase und sollte deshalb ab und zu belüftet werden. Die antibiotische Wirkung kann man sich zunutze machen, indem man einige Senfkörner gegen Bakterien- und Schimmelbefall unter andere Samen mischt.

Senf bildet schnell Wurzelhaare, nach dem 5. Tag werden die Keime extrem scharf und sind kaum noch zu genießen.

**Inhaltsstoffe:** B-Vitamine, Vitamin C, ß-Carotin; Kalium, Eisen; Senföle.

# Sesam

Sesam ist eine alte orientalische Kulturpflanze. Sesamsamen ist sehr fetthaltig und wird deshalb zur Ölgewinnung benutzt. In seinen Anbauländern wurde Sesam schon immer als Zutat zu Süßigkeiten oder zum Bestreuen von pikanten Backwaren verwendet. Er ist inzwischen auch bei uns zum festen Bestandteil der Brot- und Brötchenzutaten geworden.

Sesamöl wird dagegen schon seit langem importiert und in großen Mengen bei der Margarineherstellung verwendet.

Sesam keimt gut. Er eignet sich als Zutat zu süßen und salzigen Rohkostsalaten oder zum Einstreuen in Suppen. Sesamkeime haben einen milden, angenehm nussartigen Geschmack.

Wir essen den Keim mit der Wurzel, bevor sich die Keimblätter öffnen.

**Keimdauer:** 2 – 3 Tage, einweichen nicht unbedingt nötig, zweimal täglich bewässern.

**Tipps und Tricks:** Sesamsamen sollten nie länger als 2 oder höchstens 3 Tage keimen, da sie dann bitter werden.

Achten Sie beim Kauf besonders darauf, dass Sie ungeschälten Samen wählen. Er sieht etwas dunkler aus als der geschälte.

**Inhaltsstoffe:** B-Vitamine, Vitamin E; Kalzium, Eisen, Magnesium, Kalium.

# Sonnenblumenkerne

Sonnenblumen kommen ursprünglich aus Mexiko, wo sie schon im 16. Jahrhundert kultiviert wurden. Heute werden sie als Ölpflanzen besonders in Osteuropa angebaut. Sonnenblumenöl ist eines der meistgebrauchten Speiseöle.

Sonnenblumenkeime zieht man ausnahmsweise aus geschälten Samen, weil die Spelzen sehr hart sind und sich schlecht aussortieren lassen. Es kann durchaus auch einmal passieren, dass Sie eine Tüte mit Kernen erwischen, die nicht keimen. In jedem Fall müssen zerbrochene Kerne sorgfältig aussortiert werden. Den Bruch kann man einfach wegknabbern.

Sonnenblumenkeime schmecken wunderbar würzig und knackig in allen rohen Salaten. Wenn sie älter werden, werden sie etwas streng und müssen vorsichtig dosiert werden.

Wir essen die Pflänzchen mit Wurzeln und grünen Blättern.

**Keimdauer:** 3 Tage, einweichen nicht unbedingt nötig, zweimal täglich bewässern.

**Tipps und Tricks:** Verwenden Sie geschälte Samen, da die Samenhülsen sehr hart sind und sich nur schwer vom Keim lösen lassen. Sehr sorgfältig beschädigte Samen aussortieren. Nach 3 Tagen werden die Keime stechend scharf.
Keimen am besten in Saatschalen.

**Inhaltsstoffe:** Kohlenhydrate, Eiweiß; B-Vitamine, Vitamin E; Magnesium, Kalium, Eisen.

# Weizen

Weizen wird wegen seiner guten Backeigenschaften fast überall anderen Getreidearten vorgezogen. Seine vielseitige Verwendbarkeit ist u. a. darauf zurückzuführen, dass er einen hohen Anteil des Klebereiweißes Gluten enthält. Gluten ergibt, mit Wasser vermischt, eine feste, zähe Masse. Im Teig hält diese Masse die Gase fest, die beim Aufgehen durch ein Treibmittel (z. B. Hefe oder Sauerteig) entstehen. Dadurch wird das Gebäck besonders locker.

Schon die alten Ägypter maßen dem keimenden Weizenkorn eine große kultische Bedeutung bei. In winzigen Mumiensärgen ausgesäte Weizenkörner symbolisierten für sie die ewige Erneuerung der Natur und auch ein Weiterleben nach dem Tode.

Für unsere profanen Zwecke ist Weizen sehr gut geeignet, weil er unproblematisch keimt und zu pikanten wie süßen Gerichten passt.

Wir essen den Keimling mit Wurzeln und dem Blattkeim.

**Keimdauer:** 2 – 5 Tage, nach Geschmack, über Nacht einweichen, zweimal täglich bewässern.

**Tipps und Tricks:** Beim Keimprozess wird die Stärke des Korns in Einfachzucker umgewandelt. Weizenkeime haben deshalb ein ganz besonderes mildsüßes Aroma und bereichern Müslis mit ihrer natürlichen Süße.

Etwa ab dem 6. Wachstumstag geht die Süße verloren und die Pflänzchen schmecken grasig.

Weizenkeime eignen sich auch als Zutat zu pikanten Rohkostgerichten, als Gemüse und für Suppen. Sie fühlen sich in gestapelten Keimschalen wohl, können aber auch in Gläsern wachsen.

Sie bilden Wurzelhärchen aus.

**Inhaltsstoffe:** Kohlenhydrate, wertvolles Eiweiß; B-Vitamine, ß-Carotin, Vitamin E; Magnesium, Kalium.

# Weitere Zutaten
# für die Keimeküche

**Angostura Bitter** ist eine Würzflüssigkeit aus der Rinde des Angosturabaumes zur Herstellung von Magenbitter, Likören und Bowle, früher als Hausmittel gegen fiebrige Erkältungen verwendet. Enthält Alkohol, schmeckt so gallenbitter, dass niemand auf die Idee kommen wird, mehr als 3 Tropfen einem Gericht hinzuzufügen. Im Geschäft findet man ihn bei den Spirituosen. In geringsten Mengen ist sein Geschmack nicht wahrzunehmen, er unterstreicht jedoch den Eigengeschmack anderer Gewürze, egal ob süß, sauer oder salzig, und rundet ein Gericht ab.

**Bulgur** ist ein Getreideprodukt der arabischen Länder. Bei der Herstellung wird Hartweizen gegart, getrocknet und gemahlen. Bulgur ist deshalb schnell gar. Er ist im Reformhaus, in Naturkostläden oder bei türkischen Lebensmittelhändlern erhältlich.

**Grütze** lässt sich aus allen Getreidearten herstellen. Es handelt sich um das grob gebrochene Korn. Ähnlich der Grütze ist der **Grieß**. Die Bruchstücke sind dabei etwas kleiner. Im Rezeptteil wird Gerstengrütze verwendet.

**Grünkern** nennt man die kurz vor der so genannten Milchreife geernteten und getrockneten Körner des **Dinkels**. Dinkel wiederum ist ein dem Weizen verwandtes Getreide, das früher oft auf kargen Böden angebaut wurde, weil es besonders widerstandsfähig ist. Da Dinkel weniger Ertrag bringt als andere Getreidesorten, wird er in der konventionellen Landwirtschaft kaum noch produziert, ist aber ein fester Bestandteil in Bio-Sortimenten geworden. Grünkern gibt es als ganze Körner, Grieß oder Mehl.

**Ingwer, frisch:** Die frischen Wurzelknollen des Ingwers sind inzwischen fast überall und auch in Bio-Qualität erhältlich. Sie haben einen unverwechselbaren Geschmack, der nicht durch Pulver ersetzt werden kann.

**Johannisbrotkernmehl** wird aus den Samen des Johannisbrotbaumes gewonnen. Das vielseitig einsetzbare Verdickungs- und Bindemittel gibt es unter verschiedenen Bezeichnungen in Reformhäusern, Naturkostläden oder in Supermärkten mit Naturkostsortiment.

**Kurkuma** ist eine Gewürzpflanze aus Indien. Das bei uns erhältliche Pulver wird durch Vermahlen der getrockneten Wurzeln hergestellt. Es schmeckt mild, nur im Übermaß wird es streng. Besonders auffällig ist seine gelbe Farbe. Daher kann man Kurkuma als Ersatz für Safran verwenden. Die typische Färbung des Currypulvers wird durch Beimischung von Kurkuma erzielt.

**Senfpulver** bildet die Basis für verschiedene Senfzubereitungen, kann aber auch als Gewürz eingesetzt werden.

**Sesamöl aus geröstetem Sesam** ist eine unverzichtbare Würz-Zutat in der chinesischen Küche. Das Öl hat eine kräftig braune Farbe und schmeckt etwas »angebrannt«.

**Shiitake-Pilze** sind vor allem in asiatischen Ländern beliebt, inzwischen werden sie aber auch hierzulande angebaut. Frische Pilze schmecken ähnlich wie Champignons, getrocknete Pilze verleihen chinesischen Gerichten ihren typischen Geschmack.

**Sojasauce** wird aus fermentierten Sojabohnen hergestellt und als *Tamari* (aus Soja, Meersalz und Wasser) und als *Shoyu* (zusätzlich mit geröstetem und gemahlenem Weizen) angeboten. Beim Würzen mit Sojasauce sollte der relativ hohe Salzgehalt berücksichtigt werden.

**Tofu** ist ein Produkt aus Sojamilch, das, ähnlich unserem Käse, durch Beifügen eines Gerinnungsmittels und Pressen der entstanden Masse hergestellt wird. Tofu gibt es in verschiedenen Sorten in Reformhäusern und Naturkostläden, aber auch immer häufiger im Supermarkt.

Wenn in den Rezepten Mehl oder Brot als Zutaten verwendet werden, so ist damit immer **Vollkornmehl** bzw. **Vollkornbrot** gemeint.

# Das Würzen

Kräuter und Gewürze sind auch in der vegetarischen Vollwertküche das A und O für das perfekte Gelingen der Gerichte. Sie unterstützen den Eigengeschmack der Zutaten oder verleihen ihm zusätzlich interessante Geschmacksvarianten. Doch der Umgang mit Kräutern und Gewürzen will gelernt sein. Schnell ist ein ganzes Gericht verdorben, wenn ein einzelnes Gewürz oder Kraut zu sehr dominiert.

Wenn man sich auf seinen Geschmackssinn verlässt, also das Abschmecken ernst nimmt und mit kleinen Mengen beginnt, kann eigentlich gar nichts schief gehen. Schon bald wird sich das richtige Würzgefühl einstellen. In diesem Sinne verstehen sich die Mengenangaben bei Kräutern und Gewürzen als Anhaltspunkte, die Raum für den individuellen Geschmack lassen.

Nach und nach lässt sich die Menge des verwendeten Salzes reduzieren. Da mit Brot, Käse oder Fertigprodukten ohnehin meist reichlich Salz aufgenommen wird, kann es nicht schaden, es vorsichtig zu dosieren.

In der Natur kommt **Kochsalz** in gelöster Form im Meerwasser oder in Sole vor oder aber als Steinsalz in Salzlagerstätten. **Meersalz** enthält im Vergleich zu Steinsalz aufgrund des geringeren Verarbeitungsgrades mehr Mineralstoffe und Spurenelemente. Im Naturkosthandel wird es ohne Zusätze, die die Rieselfähigkeit verbessern, angeboten.

**Steinsalz** wird in Salzbergwerken gewonnen und einem starken Reinigungsprozess unterworfen. Üblicherweise werden zusätzlich noch so genannte »Rieselhilfen« beigemischt, um ein Verklumpen zu verhindern.

Wenn bei den Rezepten Salz als Zutat verwendet wird, ist immer Meersalz gemeint.

Die Vollwerternährung empfiehlt, weißen **Haushaltszucker** – wenn überhaupt – dann höchstens in Gewürzmengen zu verwenden. Er schmeichelt nur dem Gaumen und ist leeres Lebensmittel, das weder essenzielle Nährstoffe noch Vitamine noch Mineral- oder Ballaststoffe enthält. Natürliche Süßungsmittel wie Honig oder Trockenfrüchten sind eine gute Alternative.

**Roh-Rohrzucker** und **Vollrohrzucker** werden aus Zuckerrohrsaft hergestellt. Dazu wird der Saft im Vakuum eingedickt. Durch Zugabe kleiner Zuckerkristalle wird die Kristallisation gefördert.

*Roh-Rohrzucker* wird anschließend durch Zentrifugation vom Sirup abgetrennt. Je mehr Melasse er noch enthält, umso dunkler und geschmacksintensiver ist er und umso mehr Mineralstoffe sind noch enthalten.

Für **Vollrohrzucker** werden die Zuckerkristalle nicht vom Sirup getrennt. Er hat daher einen karamellartigen Geschmack.

**Ahornsirup** ist eine besondere Delikatesse. Der eingedickte Saft kanadischer Zucker-Ahornbäume kann vielseitig verwendet werden, ist aber relativ teuer. Für einen Liter Sirup werden 40 l Saft benötigt. Der erstgezapfte Saft, aus dem Sirup Grad A gekocht wird, ist der wertvollste. Die nachfolgenden Grade B und C sind dunkler und schmecken karamelliger. Sirup in Bio-Qualität ist besonders zu empfehlen.

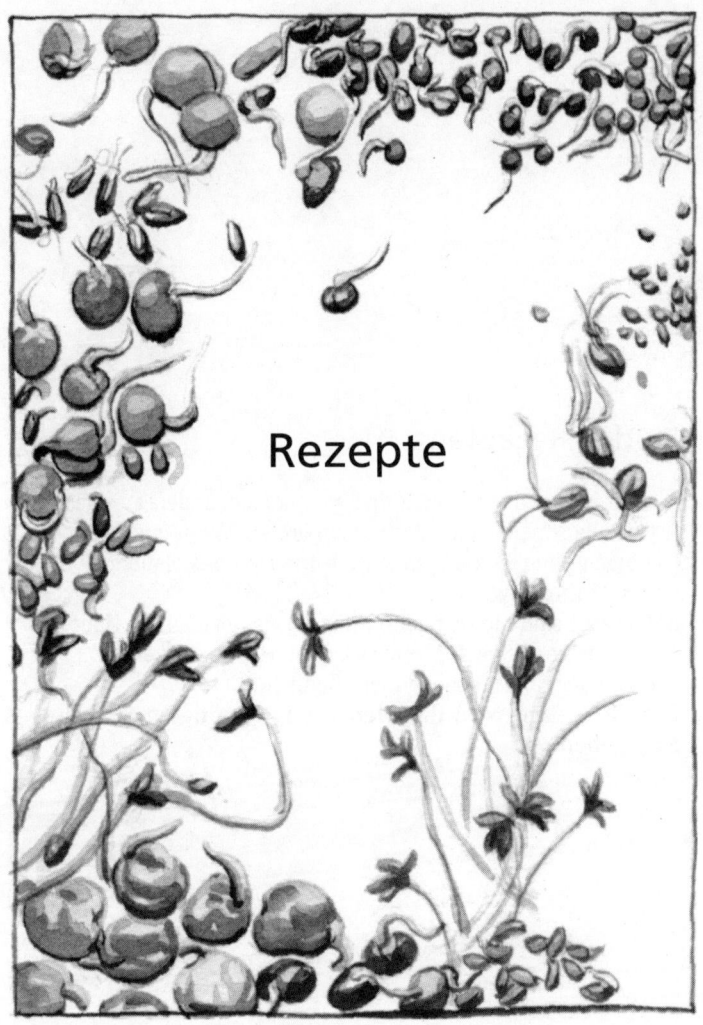

Rezepte

## Zu den Rezepten

Alle Rezepte in diesem Buch sind, soweit nicht anders angegeben, für vier Personen berechnet. Für ein großes Menü mit Vorsuppe, Hauptgang und Dessert sollten die Mengen des Hauptgerichtes etwas verringert werden.

Bei Salaten sind die Mengen für eine Beilage zu einem Hauptgericht berechnet. Soll der Salat selbst die Hauptmahlzeit sein, von allen Zutaten entsprechend mehr nehmen.

**Für die Keime wird die Menge des benötigten Saatgutes angegeben.**

# Milkshakes und Drinks

Haben Sie schon einmal daran gedacht, Ihre Drinks mit Keimen zu dekorieren? – Sieht gut aus, schmeckt gut und ist gesund! Betrachten Sie dieses Kapitel als Aperitif, der ein exklusives Mahl einleiten soll. Die weiteren Gänge folgen wohlsortiert.

Lassen Sie Alfalfakeime um eine Bananenscheibe ranken, die auf der Oberfläche Ihres Getränkes schwimmt, umgeben Sie die Deko-Tomate der Bloody-Mary mit einem Schleier aus grüner Kresse oder lassen Sie Weizenkeime in süßer »Milch« aus Pinienkernen treiben ... Ob süß oder herzhaft, die Variationsmöglichkeiten sind enorm.

Eigentlich brauchen diese Drinks keine Promille, um zu schmecken. Deshalb sind die meisten Rezepte alkoholfrei und ohne Altersbeschränkung konsumierbar. Es steht Ihnen jedoch frei, sie (nur für Erwachsene) zusätzlich mit einem Schnäpschen Ihrer Wahl zu variieren.

# Bananenmilch

*2 Bananen*
*4 Gläser Milch*
*1 EL Honig oder Ahornsirup*
*Keime aus ½ TL Alfalfasamen*
*eventuell 1 Prise Salz*

Die Bananen aus der Schale lösen. Vier schöne Scheiben herausschneiden und aufbewahren. Die restlichen Früchte mit der Milch im Mixer oder mit dem Pürierstab zermusen, dabei Honig oder Ahornsirup darunter mischen. Die Bananenmilch in Gläser füllen. Die Bananenscheiben auf je einen Spieß stecken und in das Glas stellen. Die Alfalfakeime über die Milch streuen.

○ **Tipp:** Streuen Sie eine Prise Salz über den Drink und sorgen Sie so für einen interessanten geschmacklichen Kontrast.

# Mandelmilch

**Pro Portion:**
*8 Mandeln*
*1 Glas Wasser*

Die Mandeln mit kochendem Wasser überbrühen, 5 – 10 Minuten ziehen lassen und die Schalen abpellen. Mandeln in das Wasser geben und mit einem Pürierstab oder im Mixer aufschlagen. Wer die Milch etwas sämiger möchte, nimmt einfach mehr Mandeln.

Dieses Grundrezept lässt sich herrlich variieren:

## Mandelmilch mit Avocado und Alfalfakeimen

**Zusätzlich zu der Mandelmilch für 4 Portionen:**
*½ Avocado*
*1 Prise Salz*
*2 Tropfen Angostura*
*1 EL Ahornsirup*
*1 Spritzer Zitronensaft*
*Pfeffer aus der Mühle*
*Keime aus ½ TL Alfalfasamen*

Die Mandelmilch zubereiten. Die Avocado schälen, entkernen und mitpürieren (vier kleine Stücke zurücklassen). Den Drink mit Salz, Angostura, Sirup, Zitronensaft und Pfeffer würzen.
Die Avocadostückchen auf Spieße stecken, in die Gläser hängen und die Drinks mit den Alfalfakeimen garnieren.

# Mandelmilch mit Pesto und Rucola

*Zusätzlich zu der Mandelmilch für 4 Portionen:*
*4 TL Pesto*
*4 Partytomaten*
*Keime aus 1 TL Rucolasamen*

Mandelmilch zubereiten. Das Pesto mit der Mandelmilch mixen. Die Tomaten auf Spießchen stecken, in die Gläser hängen und mit den Rucolakeimen umgeben.

O **Tipp:** Pesto kann als Fertigprodukt gekauft, aber auch selbst zubereitet werden. Auf Seite 66 finden Sie ein Rezept für Rucola-pesto.

# Mandelmilch asiatisch

*Zusätzlich zu der Mandelmilch für 4 Portionen*
*1 TL Curry*
*1 Prise Salz*
*1 TL Roh-Rohrzucker*
*1 Schuss Sojasauce*
*2 Aprikosen*
*Keime aus 1 TL Bockshornkleesamen*

Mandelmilch zubereiten. Die Mandelmilch mit Curry, Salz, Zucker und Sojasauce würzen.
Die Aprikosen halbieren, auf Spießchen stecken und in den Drink hängen. Mit den Bockshornkleekeimen garnieren.

# Milch des Südens

Nicht nur aus Mandeln und Wasser lässt sich eine »Milch« herstellen, sondern auch aus Pinienkernen.

*4 Gläser Wasser*
*4 EL Pinienkerne*
*4 EL Ahornsirup*
*1 winzige Prise Salz*

### Als Dekoration:
*4 Orangenscheiben*
*Keime aus 1 EL Weizen (nicht zu groß werden lassen)*
*eventuell Pfeffer, frisch gemahlen*

Wasser, Pinienkerne und Ahornsirup im Mixer oder mit dem Pürierstab in einem Becher kräftig aufschlagen. Eine winzige Prise Salz hinzufügen. Milch in Gläser füllen, die Orangenscheiben auf Spießchen stecken und hineinhängen. Mit den Weizenkeimen dekorieren. Etwas Pfeffer aus der Mühle gibt dem Ganzen den besonderen Pfiff.

O **Tipp:** Wenn Sie die Menge der Pinienkerne erhöhen, erhalten Sie eine sämigere »Milch«.

# Bloody Mary

*4 Gläser Tomatensaft*
*1 Schuss Whisky*
*4 winzige Partytomaten*
*Keime aus ½ TL Kressesamen*
*1 Prise Pfeffer*
*1 Prise Salz*

Den Tomatensaft in Gläser füllen und jeweils etwas Whisky dazuge-ben. Die Partytomaten auf Spieße stecken und in die Gläser hängen. Die Kresse auf den Tomatensaft streuen. Mit Pfeffer und Salz wür-zen.

Für weniger Hartgesottene: Dieser Drink schmeckt auch ohne Whis-ky gut.

○ **Tipp:** Man kann auch Keime aus 1 TL Rucola verwenden und statt der Party-Tomate einen Käsewürfel auf den Spieß stecken.

# Appetithappen,
# Dips und Aufstriche

Mit den kleinen Häppchen, die hier vorgestellt werden, überzeugen Sie auch »Keime-Muffel«. Hübsch angerichtet, lassen sie bei ihrem Anblick das Wasser im Mund zusammenlaufen. Die Keimlinge bieten sich geradezu dazu an, Vorspeisen, Häppchen oder einen kleinen Imbiss »publikumswirksam« zu arrangieren.

Kresse, Alfalfa, Brokkoli & Co. bringen Farbe, Geschmack und Abwechslung auf den Tisch. Außerdem sind die kleinen Gerichte völlig unkompliziert – nicht nur bei der Zubereitung. Direkt von der Hand in den Mund, so schmeckt's nicht nur Kindern besonders gut.

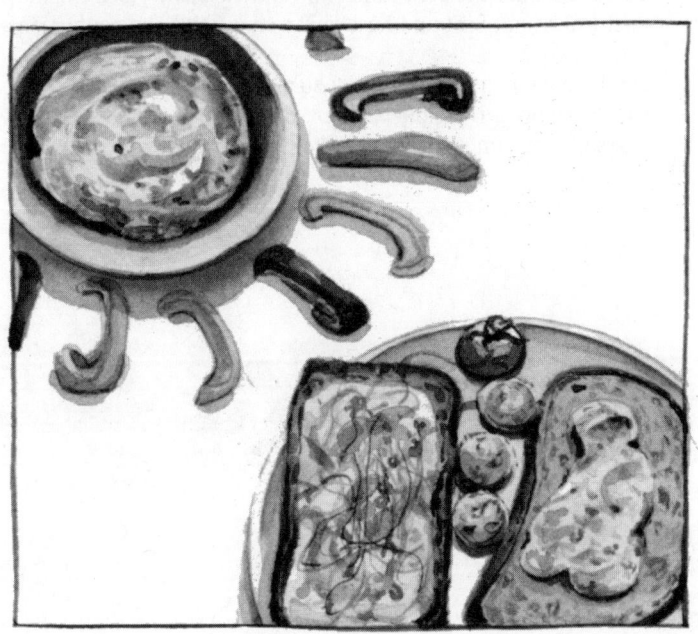

# Keimebrot

Eine ganze Reihe von Keimen eignet sich vorzüglich als Brotbelag. Dazu passt mildes Weizenvollkornbrot genauso gut wie herzhaftes Roggenvollkornbrot.

Die Scheiben mit Frischkäse, Quark, Sauerrahm oder einfach mit Butter bestreichen, darauf rohe Getreidekeime oder die Keime von Kresse, Alfalfa und Senf verteilen. Natürlich kann man auch ganz individuelle Keime-Mischungen herstellen. Mit Pfeffer und Salz nach Geschmack würzen.

○ **Tipp:** Stellen Sie doch einmal aus verschiedenen Brotsorten und Keimen kleine Häppchen für Ihre Party zusammen! Dazu passen als Garnitur Ei-Scheiben, Tomaten, Gürkchen usw. Auch ein kräftiger Imbiss mit Brot und Käse lässt sich durch Keime gut ergänzen.

Um Keime für eine Scheibe Brot zu ziehen, braucht man bei den Getreiden etwa 1 Teelöffel Samen, bei den kleineren Sorten wie Kresse, Alfalfa und Senf ½ Teelöffel.

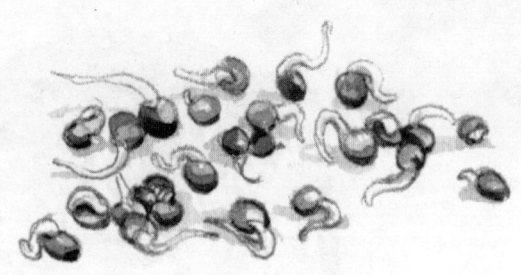

# Russische Eier mit Kresse

*4 Eier*
*20 g Roggenvollkornbrot*
*Fett zum Rösten*
*¼ TL Curry*
*1 ½ EL saure Sahne*
*¼ TL Honig*
*¼ TL Sojasauce*
*Keime aus ¼ TL Kressesamen*
*8 Mandeln*

Die Eier hart kochen. Das Brot fein hacken und in etwas heißem Fett rösten. Mit Curry würzen und zur Seite stellen.

Die Eier schälen und halbieren. Die Dotter mit einem Kochlöffel durch ein feines Sieb streichen. Eigelb mit der sauren Sahne, Honig und Sojasauce zu einer Creme verrühren.

Die Eiweißhälften auf einer Platte anrichten. Die Kresse waschen und ein kleines Sträußchen in die Eier legen, so dass das Grün seitlich herausschaut. Mit zwei Teelöffeln je ein kleines Häufchen Dottercreme in die Eihälften füllen. Mit einer Mandel garnieren und mit dem gerösteten Brot bestreuen.

○ **Tipp:** Füllen Sie die Dottercreme mit einem Spritzbeutel mit Sterntülle in die Eihälften – sieht einfach schöner aus!

# Sonnenblumeneier

*4 Eier*
*1½ EL saure Sahne*
*1 MSP Salz*
*¼ TL Rosenpaprika*
*Keime aus 2 EL Sonnenblumenkernen*
*8 Haselnüsse*

Die Eier hart kochen, schälen und halbieren. Dotter herauslösen, durch ein feines Sieb streichen und mit der Sahne cremig rühren. Die Creme mit Salz und Paprika würzen und mit den Sonnenblumenkeimen hübsch in den Ei-Hälften anrichten. Die Eihälften mit je einer Haselnuss verzieren.

# Senfeier

*4 Eier*
*1½ EL saure Sahne*
*1 Prise Salz*
*Keime aus 1 TL Senfkörnern*
*4 Erdbeeren*

Die Eier hart kochen, schälen und halbieren. Die Dotter herauslösen, durch ein Sieb streichen und mit der Sahne vermischen. Mit Salz würzen. Die Creme mit zwei Teelöffeln in die Eiweißhälften füllen. Die gefüllten Eier mit den Senfkeimen und den halbierten Erdbeeren garnieren.

# Vitaminsnack

*4 Scheiben Roggenbrot*
*Butter*
*4 Tomaten*
*2 Zwiebeln*
*Keime aus 4 TL Brokkolisamen*
*Pfeffer*
*Kräutersalz*

Die Brotscheiben mit Butter bestreichen. Tomaten und Zwiebeln in Scheiben schneiden.
Die Brote schichtweise mit Tomatenscheiben, Zwiebelringen und Keimen belegen. Mit Pfeffer und Kräutersalz würzen.

○ **Tipp:** Dieses Rezept eignet sich für ein kleines kaltes Abendessen oder für einen kräftigen Imbiss zwischendurch.


# Zwetschgenhäppchen

*10 schöne Zwetschgen*
*einige Salatblätter*
*20 g Sonnenblumenkerne, ungekeimt*
*Keime aus 1 TL Alfalfasamen*

Die Zwetschgen waschen, entlang der »Naht« halbieren und den Stein entfernen.
Eine Platte mit Salatblättern auslegen und die Hälften darauf verteilen. Jede Zwetschgenhälfte mit einigen Sonnenblumenkernen und Alfalfakeimen belegen.

# Alfalfadip

*Je eine halbe rote, grüne und gelbe Paprika*
*Keime aus 2 TL Alfalfasamen*
*3 EL süße Sahne*
*500 g Quark*
*1 Prise Salz*

Die Paprika waschen, entkernen und in Streifen schneiden. Die Keime abbrausen, hacken und mit der Sahne unter den Quark mischen. Leicht salzen.
Den Quark in einer Schale in die Mitte einer Platte stellen. Die bunten Paprikastreifen strahlenförmig darum anordnen. Den Quark mit den Paprikastücken dippen.

# Quarkhäppchen mit Alfalfa

*8 EL Quark*
*1 TL frischer Salbei, gehackt*
*2 EL Sojasauce*
*4 Scheiben Brot*
*etwas Butter*
*Keime aus 1 TL Alfalfasamen*
*32 Mandeln*
*4 EL Parmesan, frisch gerieben*

Den Quark mit Salbei und Sojasauce verrühren. Die Brotscheiben mit Butter bestreichen und jede Scheibe in acht gleich große Würfel schneiden. Die Keime waschen und auf den Brotwürfeln verteilen. Auf jedes Häppchen mit zwei Teelöffeln einen Tupfer Quark geben. Die Brotwürfel mit einer Mandel garnieren und mit etwas Parmesan bestreuen.

# Sojahäppchen

*170 g Vollsojamehl*
*300 ml Wasser*
*150 ml Öl*
*Salz*
*1 MSP Muskatnuss, gerieben*
*4 TL gehackte Petersilie*
*4 Scheiben Brot*
*etwas Butter*
*8 Radieschen*
*Keime aus 1 TL Sesam- und 1 TL Brokkolisamen*

Sojamehl und Wasser in einem Topf glatt rühren. 20 Minuten auf kleinster Flamme unter ständigem Rühren köcheln lassen. Das Öl portionsweise hinzufügen und unterarbeiten. Mit Salz, Muskat und Petersilie abschmecken.

Das Brot mit Butter bestreichen, jede Scheibe in acht kleine Häppchen teilen. Radieschen in Scheiben schneiden, auf die Brotwürfel legen.

Die Sojapaste in einen Spritzbeutel füllen und die Häppchen damit garnieren. Mit den Sesam- und Brokkolikeimen bestreuen.

○ **Tipp:** Die Sojapaste lässt sich jederzeit variieren; pikant z. B. mit Knoblauch oder süß mit Vanille und Honig.

# Roggenkeim-Stängli

*Für etwa 16 Stängli:*
*400 g Weizen*
*1 Würfel Hefe*
*250 ml lauwarmes Wasser*
*1 TL Salz*
*100 ml Olivenöl*
*Keime aus 2 EL Roggen*
*Fett für das Blech*

Den Weizen fein mahlen. Mehl mit Hefe, Wasser, Salz und Öl gut verkneten und in einer mit einem Tuch abgedeckten Schüssel 30 Minuten gehen lassen.

Die Keime unter den Teig kneten. Ein Blech fetten. Den Teig zu einem Rechteck von etwa 2 cm Dicke ausrollen. Den Teig in schmale Streifen schneiden und einfach verzwirbeln.

Die Stängli auf ein Blech setzen und bei 200 °C 20 – 30 Minuten backen.

O **Tipp:** Das Olivenöl verleiht diesem Gebäck eine besondere Geschmeidigkeit. Der Teig ist auch hervorragend für Pizza geeignet. Die Menge dieses Rezeptes reicht genau für ein Blech Pizza. Da Vollkornmehl unterschiedlich viel Wasser bindet, kann die benötigte Flüssigkeitsmenge variieren.

# Scharfer Apfeldip

*1 Apfel*
*Keime aus 2 EL Weizen und 2 TL Senfkörnern*
*1 Spritzer Zitronensaft*
*1 Prise Salz*
*1 TL Honig*

Den Apfel entkernen, eventuell schälen und klein schneiden. Mit den restlichen Zutaten mit dem Pürierstab oder im Mixer zermusen.

○ **Tipp:** Dieser Dip macht sich hervorragend auf einem kalten Büfett, wenn man ihn auf einem großen Salatblatt anrichtet – für alle, die es scharf lieben.
Er lässt sich aber auch gerne mit Bratlingen oder anderen warmen Gerichten ein.

# Relish mit Oliven

*50 g Oliven*
*Keime aus 2 TL Senfkörnern und*
  *aus 2 TL Rettichsamen, etwa 3 Tage alt*
*1 EL fester Honig*

Die Oliven eventuell entkernen, mit den Keimen klein hacken. Oliven und Keime mit dem Honig vermischen.

○ **Tipp:** Die Wahl der Oliven ist von großem Einfluss auf den Geschmack und das Aussehen dieser Paste. Die Bandbreite reicht von knallgrünen Oliven mit Knoblauch bis tiefsschwarzen Früchten mit Rosmarin.

# Rucolapesto

*150 g Hartkäse (junger Parmesan oder Appenzeller)*
*Keime aus 2 EL Rucola*
*80 g Pinienkerne*
*2 EL Olivenöl*

Den Käse reiben. Rucolakeime waschen und zusammen mit den Pinienkernen und dem Käse im Mixer oder mit dem Pürierstab zermusen. Dabei tropfenweise das Öl dazugeben.

# Kastanienpaste mit Kresse

*250 ml Wasser*
*150 g Kastanienmehl*
*100 ml Olivenöl*
*1 Prise Salz*
*Keime aus 2 TL Kressesamen*

Das Wasser zum Kochen bringen, das Kastanienmehl einrühren und zu einem festen Brei werden lassen. Abkühlen, das Olivenöl unterarbeiten und leicht salzen. Die Kresse hacken und mit der Paste vermischen.

○ **Tipp:** Das süßlich-herbe Kastanienmehl ist in italienischen Feinkostläden erhältlich. Es bildet einen interessanten Kontrast zu Kresse. Wer es nicht auftreiben kann, nehme als Grundlage für dieses Rezept die Sojapaste von Seite 63.

# Keimebutter

*Für eine Butterkugel in der Größe eines Eisbällchens:*
*1 EL Butter*
*Keime aus: 1 TL Sesam- oder ¼ TL Alfalfa- oder ½ TL Senf- oder*
*    ½ TL Rettich- oder ½ TL Bockshornkleesamen*
*1 Prise Salz*

Die Butter etwa eine Stunde vor der Zubereitung bei Zimmertemperatur lagern, damit sie geschmeidig wird. Die Keime fein hacken, salzen und mit einer Gabel unter die Butter mischen. Anschließend die Butter im Kühlschrank wieder gut fest werden lassen und dann zu einer Kugel formen.

○ **Tipp:** Keimebutter lässt sich vielseitig verwenden. Auf einem kalten Büfett kann man damit reizvolle optische und geschmackliche Akzente setzen. Einfach und doch wirkungsvoll ist es, aus der Butter mit den Händen oder zwei Kochlöffeln kleine Kugeln zu formen und diese auf Salatblättern anzurichten.

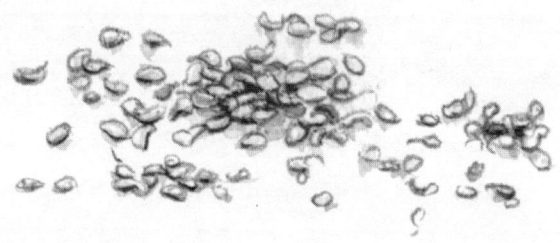

## Sesamquark

*500 g Magerquark*
*100 ml Milch*
*4 EL Honig*
*Keime aus 5 TL Sesamsamen*

Den Quark mit der Milch und dem Honig glatt rühren. Die Keime
waschen und unter die Masse heben. Einige Keime zurückbehalten
und die Quarkspeise damit garnieren.

## Sonnenblumenquark

*500 g Magerquark*
*100 ml Milch*
*2 EL Honig*
*Keime aus 4 EL Sonnenblumenkernen*

Quark, Milch und Honig vermischen. Die Keime waschen und unterrühren.

○ **Tipp:** Junge Sonnenblumenkeime, nicht älter als 2 Tage, schmecken sehr frisch und knackig in Quark.

# Salate

Frische Keime sind gerade in Gemüse- oder Obstsalaten die Renner. Sojabohnen- oder Alfalfakeime bereichern die Salatteller inzwischen auch in ganz »traditionellen« Lokalen. Kein Wunder, denn sie sind nicht nur optisch ein Genuss, sondern sorgen auch noch für knackigen Biss und würzigen Geschmack.

Die Verwendungsmöglichkeiten sind enorm, frische Keime verleihen jedem Salat mehr Pep. Der beliebte Mozzarella-Tomaten-Salat wird mit Rucolakeimen zu einem ganz neuen Geschmackserlebnis und auch ein so althergebrachtes Gericht wie Kartoffelsalat erhält durch frische Keime eine neue Note. Auch in Essig eingelegte Keime sind eine wunderbare Salatzutat.

Probieren Sie die Rezepte aus und lassen Sie sich zu weiteren Kreationen anregen. Reichen Sie Ihre Salate als kleinen Zwischengang zwischen Suppe und Hauptspeise, als Beilage zum Hauptgericht oder als leichtes Abendessen mit einer Scheibe Brot.

## Dressing für Ihren persönlichen Salat

Am Anfang dieses Kapitels soll ein »Universal-Dressing« stehen: Nehmen Sie eine Handvoll Ihrer Lieblings-Keime oder auch eine Mischung Ihrer Wahl und begießen Sie sie damit. Fertig ist Ihr persönlicher Salat.

*1 EL Zitronensaft*
*1 EL Ahornsirup*
*1 Prise Salz*
*2 EL Olivenöl*
*3 Tropfen Angostura-Bitter*

Den Zitronensaft mit Ahornsirup und Salz verrühren, das Olivenöl dazumischen und mit 3 Tropfen Angostura aromatisieren.

○ **Tipp:** Ihrer Fantasie sind keine Grenzen gesetzt, was die Auswahl verschiedenster kaltgepresster Öle angeht, die der Sauce jeweils einen eigenen Geschmack verleihen werden. Die Palette der Essigsorten, die anstelle des Zitronensaftes treten können, ist ebenso reichhaltig. Manche muss man vielleicht sparsamer dosieren oder mit Wasser verdünnen, damit die Säure nicht vorschmeckt.

# Scharfe Keime auf asiatische Art

**Für die Sauce:**
*1 Knoblauchzehe*
*1 Stück frischer Ingwer von der gleichen Größe*
*1 Prise Salz*
*2 EL Sojasauce*
*1 EL Sesamöl*
*150 g Tofu*
*Keime aus je 2 TL Senf-, Brokkoli- und Rettichsamen*

Die Knoblauchzehe und den Ingwer schälen und klein schneiden.
Mit dem Salz zusammen zerdrücken. Am besten geht das in einem
Mörser, aber auch eine Tasse und ein stabiler Löffel tun ihren Dienst.
Die Sojasauce und das Sesamöl unterrühren.
Den Tofu in Würfel schneiden und mit der Sauce tränken. Die Keime
darübergeben und alles gut vermischen.

O **Tipp:** Das Sesamöl muss aus geröstetem Sesam hergestellt sein.
Es ist vor allem in asiatischen Lebensmittelgeschäften erhältlich.
Es wird als Gewürz verwendet und ist in kleinen Flaschen abge-
füllt.

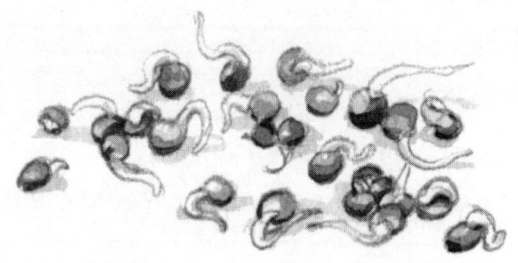

# Tomaten-Mozzarella-Rucola

*4 Tomaten*
*2 Kugeln Mozzarella (à 125 g)*
*etwa 4 EL Olivenöl*
*1 Prise Salz*
*Pfeffer aus der Mühle*
*Keime aus 2 TL Rucolasamen*

Tomaten und Mozzarella in Scheiben schneiden und auf einer Platte anrichten: Immer abwechselnd eine Scheibe Mozzarella und eine Tomatenscheibe legen. Olivenöl darüber gießen, mit Pfeffer und Salz bestreuen und mit den Keinem garnieren.

O **Tipp:** Dieser Salat schmeckt nach Urlaub. Aber nur im Sommer, wenn die Tomaten nicht aus dem Treibhaus kommen. Achten Sie darauf, natürlich gereifte Früchte zu kaufen. Toller Tomatengeruch im Gemüseregal ist allein noch kein Indiz für Qualität. Er kommt hauptsächlich von den Stängeln, auch bei weniger aromatischen Sorten.
Reichen Sie dazu frisches Brot mit Butter, und niemand wird einen Braten vermissen.
Falls dies Ihr Lieblingssalat werden sollte, können Sie zu besonderen Anlässen das Geschmackserlebnis toppen, indem Sie statt Olivenöl das kostbare Kürbiskernöl verwenden.

# Kopfsalat mit Rucola

*1 Kopfsalat*
*Keime aus 2 TL Rucolasamen*

### Für das Dressing:
*2 EL Sonnenblumenöl*
*1 EL Apfelessig*
*1 EL Ahornsirup*
*1 Prise Salz*
*Pfeffer aus der Mühle*

Den Salat putzen, zerpflücken und gründlich waschen. Die Keime abbrausen und gut abtropfen lassen.
Aus den angegebenen Zutaten ein Dressing anrühren. Salat, Keime und Dressing in einer großen Schüssel vermischen.

O **Tipp:** Mit Rucolakeimen setzen Sie Akzente und machen einen gewöhnlichen Kopfsalat zu einem kulinarischen Erlebnis.

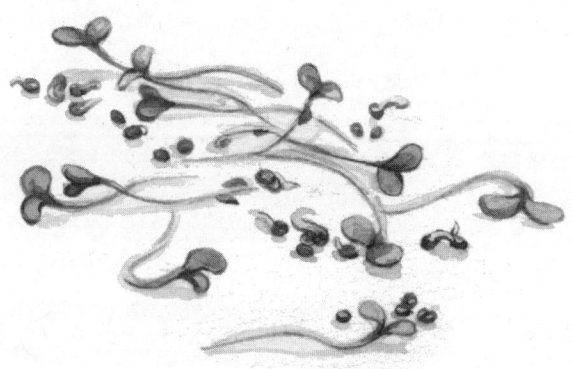

# Essigsauer eingelegte Keime

¼ l Essig
1 Zwiebel
2 Lorbeerblätter
6 Pfefferkörner
5 Pimentkörner
1 EL Senfkörner, ungekeimt
1 getrocknete Peperoni
1 TL Honig
Keime aus 8 EL Mungbohnen oder Kichererbsen oder
   Adzukibohnen oder Linsen

Alle Zutaten außer den Keimen einmal wallend aufkochen. Diesen
Sud noch kochend heiß über die Keime gießen. Die Keime sollten
vollständig mit der Flüssigkeit bedeckt sein. Etwa 3 Tage ziehen lassen.
Eingelegte Keime kann man wie Mixed Pickles zu Butterbrot essen
oder kalte Platten damit garnieren. Sie geben auch gekochten Gerichten als Würzzutat eine besondere Note. Die Keime halten sich
im Essig mehrere Wochen bei Zimmertemperatur.

# Chinakohl mit essigsauren Keimen

*2 Eier*
*150 g Chinakohl*
*Keime aus 2 TL Rettichsamen*
*je 100 g sauer eingelegte Keime (Rezept auf Seite 74)*
*   aus Mungbohnen und Kichererbsen*
*1½ EL Essig*
*3 EL Öl*
*2 EL Sojasauce*
*1 Prise Salz*
*2 Knoblauchzehen, gepresst*

Die Eier hart kochen und fein hacken. Den Chinakohl putzen und grob schneiden. Eier und Chinakohl mit den Rettichkeimen und den essigsauren Keimen in einer Schüssel vermischen.
Aus den übrigen Zutaten eine Sauce anrühren und über den Salat geben. Sofort servieren.

○ **Tipp:** Der Knoblauch entfaltet seinen Geschmack besonders gut, wenn man die Sauce einige Stunden vorher zubereitet und ziehen lässt.

# Tofusalat

*4 EL Sojasauce*
*4 EL Zitronensaft*
*2 EL Öl*
*2 Knoblauchzehen*
*150 g Tofu*
*80 g Schweizer Hartkäse*
*60 g Möhren*
*Keime aus 1 TL Alfalfasamen und 2 EL Mungbohnen*

Sojasauce, Zitronensaft und Öl zu einer Marinade verrühren, Knoblauch hineinpressen.

Den Tofu würfeln und in der Sauce ziehen lassen. Er saugt dabei einen großen Teil der Flüssigkeit auf.

Den Käse würfeln, die Möhren in dünne Scheiben schneiden, die Alfalfakeime waschen. Mungbohnenkeime blanchieren. Alles zusammen in eine Schüssel geben und mit dem Tofu und der Marinade vermischen.

# Möhrensalat mit Roggenkeimen

*80 g Möhren*
*1 Apfel*
*Keime aus 8 EL Roggen*
*4 TL Zitronensaft*
*2 TL Honig*

Möhren und Apfel (mit Schale) raspeln. Die Roggenkeime waschen. Aus Zitronensaft und Honig eine Marinade anrühren und sofort mit dem Salat vermischen.

○ **Tipp:** Der Zitronensaft sorgt dafür, dass der Apfel nicht braun wird.

# Apfelsalat

*2 Äpfel*
*1 EL Zitronensaft*
*60 g Rosinen*
*Keime aus 1 TL Brokkolisamen und 1 TL Rettichsamen*

Die Äpfel mit der Schale reiben, mit Zitronensaft beträufeln, damit sie nicht braun werden. Rosinen und Keime waschen und sorgfältig untermischen.

# Rotkrautsalat

*150 g Rotkraut*
*Keime aus 6 EL Sonnenblumenkernen*
*1 TL Honig*
*1½ EL Zitronensaft*
*3 EL Öl*

Das Rotkraut putzen, waschen und fein hacken oder raspeln. Keime waschen und gut abtropfen lassen.
Aus den übrigen Zutaten eine Sauce anrühren. Rotkraut und Keime mischen, mit der Sauce übergießen und gut durchziehen lassen.

## Apfelrohkost mit Weizenkeimen

*2 Äpfel*
*Saft einer halben Zitrone*
*8 gedörrte Pflaumen*
*4 gedörrte Aprikosen*
*Keime aus 6 EL Weizen*

Äpfel mit der Schale raspeln und mit Zitronensaft beträufeln, damit sie nicht braun werden. Pflaumen und Aprikosen fein hacken.
Die Keime waschen und mit den restlichen Zutaten gut vermischen.

# Bunter Kartoffelsalat

*800 g Kartoffeln*
*3 Eier*
*1 Bund Radieschen*
*Keime aus je 1 EL Rettichsamen, Brokkolisamen und*
  *Sonnenblumenkernen*
*4 EL Quark*
*2 EL saure Sahne*
*4 TL Zitronensaft*
*4 TL Sojasauce*
*1 TL Sesamöl*

Kartoffeln in der Schale kochen, schälen und in Scheiben schneiden.
Die Eier hart kochen. Radieschen putzen und waschen. Ein Ei und
einige Radieschen zum Garnieren beseite legen. Die restlichen Eier
würfeln, Radieschen in Scheiben schneiden.
Die Keime waschen und gut abtropfen lassen.
Aus den übrigen Zutaten eine Sauce rühren. In einer großen Schüs-
sel alles miteinander vermischen und auf einer Platte oder in einer
Glasschüssel anrichten.
Radieschen und das Ei in Scheiben schneiden und den Kartoffelsalat
damit garnieren.

# Obstsalat mit Alfalfa

*2 Äpfel*
*2 Bananen*
*Saft einer halben Zitrone*
*1 EL Honig*
*Keime aus 4 TL Alfalfasamen*

Äpfel in kleine Würfel schneiden. Bananen schälen und in Scheiben schneiden.
Zitronensaft mit dem Honig verrühren. Das Obst mit der Honigzitrone beträufeln, damit es nicht braun wird. Die Keime waschen und abtropfen lassen. Alles zusammen in einer Schüssel vorsichtig vermischen.

# Bunter Adzukisalat

*2 gelbe Paprika*
*Keime aus 5 EL Adzukibohnen und 2 TL Alfalfasamen*
*4 EL Essig*
*2 EL Öl*
*2 EL Sojasauce*
*1 Knoblauchzehe, gepresst*

Die Paprikaschoten putzen, waschen und in feine Würfel schneiden. Adzukikeime blanchieren. Alfalfakeime waschen und abtropfen lassen.
Aus den restlichen Zutaten eine Marinade anrühren. Paprika und Bohnenkeime mit der Marinade in einer großen Schüssel vermischen.

# Bohnenkeime mit Frischkäse

*Keime aus 4 EL Mungbohnen*
*400 g körniger Frischkäse*
*Pfeffer nach Geschmack*
*1 Prise Salz*

Die Bohnenkeime blanchieren, gut abtropfen lassen und unter den körnigen Frischkäse mischen. Mit Pfeffer und Salz würzen.

# Krautsalat

*250 g Weißkraut*
*Keime aus 2 TL Kressesamen*
*2 EL Öl*
*2 EL Obstessig*
*½ TL Kümmel*
*1 Prise Salz*

Das Weißkraut putzen und fein hobeln. Die Keime waschen und gut abtropfen lassen.
Öl, Essig. Kümmel und etwas Salz zu einer Sauce verrühren. Kohl und Keime mischen, mit der Marinade begießen und etwas durchziehen lassen.

O **Tipp:** Das Weißkraut wird milder, wenn man es nach dem Hobeln mit etwas Salz stampft und einige Stunden stehen lässt. In diesem Fall bei der Salatsauce auf das Salz verzichten.

## Rettich mit Bohnenkeimen

*250 g milder weißer Rettich*
*Keime aus 5 EL Mungbohnen*
*3 EL Sojasauce*

Den Rettich schälen und raspeln. Bohnenkeime blanchieren, gut abtropfen lassen und mit dem Rettich vermischen. Die Sojasauce darüber gießen.

## Kohlrabi mit Weizenkeimen

*250 g Kohlrabi*
*Keime aus 3 EL Weizen*
*2 EL Zitronensaft*
*2 EL Öl*
*Salz*
*Pfeffer*
*1 TL Honig*

Kohlrabi schälen und grob raspeln. Die Keime waschen und gut abtropfen lassen.
Aus Zitronensaft, Öl und den Gewürzen eine Marinade rühren, mit Honig abschmecken. Kohlrabi, Keime und Marinade in einer Schüssel miteinander vermischen.

# Zatziki mit Keimlingen

**Für das Zatziki:**
500 g Magerquark
100 ml Milch
½ Salatgurke
Keime aus 1 TL Senfkörnern, 1 TL Kressesamen und
    1 TL Brokkolisamen
4 Knoblauchzehen, gepresst
etwas Salz
etwas Honig

**Als Beilage:**
800 g Pellkartoffeln

Die Kartoffeln waschen, in einem Topf mit Wasser aufsetzen und garen. Während der Garzeit das Zatziki zubereiten.
Quark mit der Milch glatt rühren. Die Gurke schälen und in kleine Würfel schneiden. Die Keime waschen und abtropfen lassen. Gurke und Keime zum Quark geben und gut vermischen. Zatziki mit Knoblauch und Salz würzen. Eventuell mit etwas Honig abschmecken. Zu den heißen Pellkartoffeln servieren.

O **Tipp:** Zatziki eignet sich auch als Vorspeise, als Dip oder als Aufstrich für Butterbrot. Es sollte immer frisch zubereitet werden.

# Alfalfa-Chicorée-Salat

*140 g Roggenvollkornbrot*
*Fett zum Anbraten*
*1 TL Curry*
*2 Chicorées*
*Keime aus 2 TL Alfalfasamen*
*150 g Schweizer Käse*
*2 EL Sojasauce*
*2 EL Öl*
*1 EL Zitronensaft*

Das Brot in feine Würfel schneiden. Fett in einer schweren Pfanne erhitzen und die Brotwürfelchen darin etwa 5 Minuten unter ständigem Rühren rösten. Wenn sie anfangen, in die Höhe zu springen, sind sie fertig. Mit dem Curry würzen und zur Seite stellen.

Den Chicorée waschen, der Länge nach aufschneiden und den Strunk herausnehmen. Einige Blätter abtrennen und aufbewahren, den Rest in feine Querstreifen schneiden. Die Keime waschen, den Käse würfeln.

Aus Sojasauce, Öl und Zitronensaft eine Marinade anrühren. Alle Zutaten in eine Schüssel geben und mischen. Den Salat auf einer Platte oder in einer Salatschüssel auf den ganzen Chicoréeblättern anrichten. Sofort servieren, da das Brot und der Käse aufweichen, wenn sie zu lange in der Marinade stehen.

# Käsesalat

*80 g Edamer*
*40 g mittelalter Gouda*
*Keime aus 8 EL Weizen*
*2 EL Zitronensaft*
*2 EL Sojasauce*
*1 EL Öl*
*½ TL Kräuter der Provençe*

Den Käse in kleine Würfel schneiden. Keime waschen und gut abtropfen lassen.

Aus den übrigen Zutaten eine Sauce anrühren. Käse und Keime mischen und mit der Sauce begießen. Sofort servieren, damit der Käse nicht zu weich wird.

○ **Tipp:** Edamer und Gouda nach Belieben durch Schafskäse (Feta) ersetzen.

# Tomatensalat mit Kresse

*6 Tomaten*
*2 Frühlingszwiebeln*
*3 EL Olivenöl*
*Saft einer halben Zitrone*
*etwas Salz*
*etwas Pfeffer*
*etwas Majoran*
*Keime aus 4 TL Kressesamen*

Die Tomaten in Scheiben schneiden. Die Zwiebeln fein würfeln, das Zwiebelgrün in Ringe schneiden. Aus Öl, Zitronensaft und den Gewürzen eine Marinade anrühren, über die Tomaten und Zwiebeln geben.
Den Salat mit den Kressekeimen bestreut servieren.

# Feldsalat mit Weizenkeimen

*100 g Feldsalat*
*Keime aus 6 EL Weizen*
*100 g Schafskäse*
*4 EL Distelöl*
*2 EL Zitronensaft*
*etwas Salz*

Den Feldsalat gut putzen und waschen, abtropfen lassen und mit den gewaschenen Weizenkeimen mischen.
Schafskäse in kleine Würfel schneiden. Aus Öl, Zitronensaft und etwas Salz eine Sauce anrühren. Sauce mit dem Feldsalat und den Keimen vermischen, Schafskäse vorsichtig unterheben.

# Suppen und Eintöpfe

Eine Suppe passt immer: leicht und mit viel frischen Zutaten für den kleinen Hunger, mit edlen Einlagen als stilvoller Auftakt für ein Menü oder gehaltvoll in Form eines sättigenden Eintopfs. Suchen Sie sich je nach Appetit und Anlass das passende Rezept heraus.

Keine Angst, die wertvollen Inhaltsstoffe der Keime gehen bei der Zubereitung nicht verloren. Denn sie werden in den Suppen schonend gegart und da das Kochwasser Bestandteil der Speise bleibt, gehen auch die wasserlöslichen Stoffe nicht verloren.

Die Garzeiten sind in den Rezepten möglichst kurz gehalten ist. Meist werden die Keime ganz zum Schluss hinzugefügt oder erst vor dem Auftragen über die Suppe gestreut.

# Gemüsesuppe mit frischem Alfalfa

*50 g Möhren*
*40 g Sellerie*
*1 Zwiebel*
*2 Tomaten*
*800 ml Wasser*
*1 TL Kräuter der Provençe*
*1 TL gekörnte Gemüsebrühe*
*etwas Salz*
*Keime aus 3 TL Alfalfasamen*

Möhren und Sellerie klein-, die Zwiebel in Ringe schneiden. Die Tomaten überbrühen, enthäuten, den Stielansatz entfernen und in Scheiben schneiden.

Das Gemüse mit dem Wasser in einen Topf geben, mit Kräutern, Gemüsebrühe und Salz würzen und stark ankochen. Wenn eine Dampffahne erscheint, noch 30 Minuten bei kleiner Hitze gar kochen.

Die Alfalfakeime waschen und kurz vor dem Servieren einstreuen.

# Vorsuppe mit Linsenkeimen

*50 g Möhren*
*30 g Sellerie*
*2 kleine Kartoffeln*
*1 Zwiebel*
*Keime aus 2 EL Linsen*
*2 TL Kräuter der Provençe*
*800 ml Wasser*
*1 Prise Salz*
*½ TL Sesamöl*
*2 EL Sojasauce*
*2 EL Zitronensaft*
*1 TL Honig*

Möhren und Sellerie klein schneiden, die Kartoffeln schälen und reiben, die Zwiebeln in Ringe schneiden, Keime waschen.
Alle Zutaten bis auf die Keime zusammen mit den Kräutern in Wasser aufsetzen und kräftig aufkochen. Wenn eine Dampffahne erscheint, Hitze drosseln und das Gemüse auf kleiner Flamme 15 Minuten garen. Die Keime hinzufügen, 5 Minuten ziehen lassen. Mit Salz, Sesamöl, Sojasauce, Zitronensaft und Honig abschmecken.

# Griessuppe mit Alfalfakeimen

*Keime aus 3 TL Alfalfasamen*
*Fett zum Anrösten*
*50 g Weizengrieß*
*800 ml Wasser*
*1 Ei*
*½ TL Sesamöl*
*1 Prise Salz*
*Muskatnuss, gerieben*
*1 EL Sojasauce*
*½ TL Honig*
*3 EL Zitronensaft*

Die Keime waschen und zur Seite stellen.

Das Fett in einem Topf erhitzen. Den Grieß hinzufügen und unter Rühren leicht anrösten. Mit dem Wasser ablöschen und aufkochen lassen. Nach 5 Minuten hat der Grieß die Suppe eingedickt. Das Ei hinzufügen und umrühren. Soll das Ei keine Flocken bilden, die Suppe nicht mehr kochen lassen.

Mit Öl und den Gewürzen abschmecken, in eine Suppenschüssel füllen und kurz vor dem Servieren die Keime einstreuen.

# Sesamsuppe

*Keime aus 2 EL Mungbohnen, 4 EL Roggen und*
*    4 TL Sesamsamen*
*2 Knoblauchzehen*
*1 TL Salbei, getrocknet*
*2 TL Senfkörner*
*800 ml Wasser*
*1 TL Curry*
*½ TL Koriander, gemahlen*
*1 Prise Salz*
*2 EL Sojasauce*

Keime waschen und abtropfen lassen. Die Knoblauchzehen schälen und sehr fein schneiden. Zusammen mit den Keimen aus Mungbohnen und Roggen, dem Salbei und den Senfkörnern im Wasser aufsetzen. Stark ankochen, wenn eine Dampffahne erscheint, die Temperatur zurückschalten und noch 10 Minuten auf kleiner Flamme garen. Suppe mit den restlichen Gewürzen abschmecken und vor dem Servieren die Sesamkeime dazugeben.

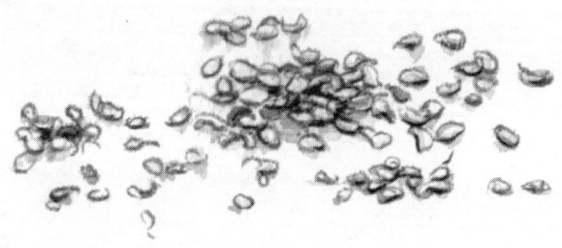

# Käsesuppe mit Mungbohnen

*180 g Butterkäse*
*Keime aus 6 EL Mungbohnen*
*1 EL Sojamehl, fettarm*
*2 EL Milch*
*600 ml Milch*
*Salz*
*Pfeffer*
*Muskatnuss, gerieben*

Den Käse reiben, die Keime waschen. Das Sojamehl mit 2 EL Milch gut verrühren.
Die Milch in einem Topf erhitzen und den Käse einstreuen. Etwa 5 Minuten rühren, bis sich der Käse aufgelöst hat. Das Sojamehl einrühren und die Suppe aufkochen. Mit Salz, Pfeffer und Muskat würzen und die Keime hinzufügen. Auf kleinster Flamme 5 Minuten köcheln lassen. Diese Suppe brennt leicht an, daher öfter umrühren.

# Cremesuppe mit Bohnenkeimen

*Keime aus 2 EL Mungbohnen und 2 TL Alfalfasamen*
*Fett zum Anschwitzen*
*4 EL feines Weizenmehl*
*1 l Wasser*
*4 EL süße Sahne*
*Saft einer halben Zitrone*
*1 TL Curry*
*Salz*
*Muskatnuss, gerieben*


Die Keime waschen und abtropfen lassen.
Fett in einem Topf erhitzen und das Mehl darin kurz anschwitzen.
Von dem Wasser etwa 50 ml dazugeben und mit einem Schneebesen
verrühren. Wenn die Masse andickt, weitere 50 ml Wasser zufügen,
kräftig umrühren und aufkochen. Das restliche Wasser dazugeben
und unter Rühren nochmals aufkochen. Mit der süßen Sahne legieren und mit den Gewürzen abschmecken. Die Keime zuletzt in der
Suppe kurz aufkochen.

# Weizenkeimsuppe mit Eierstich

**Für den Eierstich:**
2 Eier
1 Prise Salz
Muskatnuss, gerieben
4 EL Milch
Fett für den Teller

**Für die Suppe:**
2 TL gekörnte Gemüsebrühe
800 ml Wasser
Keime aus 6 EL Weizen
1 EL Zitronensaft

Eierstich, die klassische Suppeneinlage unserer Großmütter, wird in Dampf gegart. Dazu eine umgedrehte Tasse in einen großen, flachen Topf stellen und so viel Wasser in den Topf füllen, dass sie noch herausragt. Einen Suppenteller darauf stellen. Der Topfdeckel muss noch darauf passen.

Den Suppenteller gut einfetten. Alle Zutaten für den Eierstich verquirlen und in den Teller füllen. Das Wasser im Topf erhitzen, bis es sprudelnd kocht. Den Teller auf die Tasse stellen und den Topf zudecken. 5 Minuten kochen lassen – die Masse ist dann gestockt. Den Teller herausnehmen und den Eierstich nach dem Abkühlen in kleine Würfel schneiden.

Die Gemüsebrühe im Wasser für die Suppe auflösen, aufkochen und die Weizenkeime darin 5 Minuten ziehen lassen. Mit Zitronensaft abschmecken und den Eierstich hinzufügen.

# Dörrobstsuppe mit Roggenkeimen

*180 g gemischtes Dörrobst (Birnen, Pflaumen, Aprikosen)*
*Wasser zum Einweichen*
*800 ml Wasser*
*Keime aus 8 EL Roggen*
*Honig nach Geschmack*

Das Dörrobst mindestens 1 Stunde lang einweichen und anschlie-
ßend im Mixer oder mit dem Pürierstab pürieren.
Das Wasser zum Kochen bringen und die Obstmasse hineingeben.
Kräftig umrühren und kurz aufwallen lassen. Die Keime waschen
und einstreuen. Bei Bedarf mit etwas Honig süßen.
Die Suppe schmeckt auch als Kaltschale sehr gut.

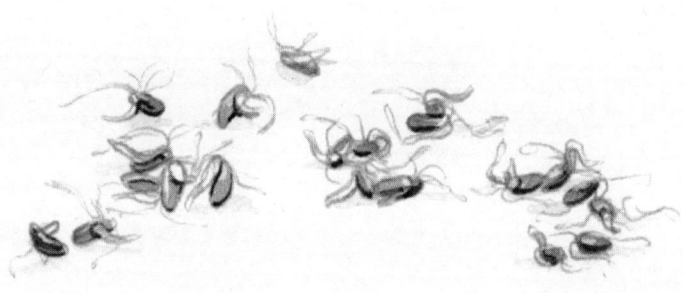

# Eintopf aus Bohnenkeimen

*250 g Sellerie*
*400 g Möhren*
*1300 ml Wasser*
*120 g Reis*
*Keime aus 8 EL Mungbohnen*
*400 g Champignons*
*4 EL süße Sahne*
*2 TL gekörnte Gemüsebrühe*
*1 Prise Salz*
*2 EL Sojasauce*

Sellerie und Möhren waschen und klein schneiden. Mit dem Wasser aufsetzen und etwa 20 Minuten kochen lassen.

Mit einem Schaumlöffel das Gemüse aus der Brühe nehmen und zur Seite stellen. Den Reis in die Brühe geben und 25 Minuten gar kochen. Keime waschen, Champignons klein schneiden, beides 10 Minuten vor Ende der Garzeit in die Suppe geben und mitkochen.

Möhren und Sellerie mit der Küchenmaschine oder dem Pürierstab pürieren und zusammen mit der süßen Sahne, der Gemüsebrühe, etwas Salz und Sojasauce zu der Suppe geben.

# Kartoffeleintopf mit Keimen

*Keime aus 12 EL Erbsen und 2 TL Kressesamen*
*700 g Kartoffeln*
*1100 ml Wasser*
*2 Lorbeerblätter*
*2 TL Senfkörner*
*2 TL Bohnenkraut*
*6 Tomaten*
*250 g Champignons*
*Salz*
*Pfeffer*
*1 Becher süße Sahne*

Keime waschen und abtropfen lassen. Die Kartoffeln schälen und würfeln. Mit dem Wasser, den Lorbeerblättern und den Senfkörnern sowie dem Bohnenkraut aufsetzen. Stark ankochen und auf kleiner Flamme weitergaren. Nach 15 Minuten die Kartoffeln mit dem Stampfer zerdrücken. Die Kichererbsenkeime waschen, dazugeben und 10 Minuten köcheln lassen.

Währenddessen die Tomaten überbrühen, abziehen und klein schneiden. Die Pilze ebenfalls klein schneiden und die Kresse hacken. Alles, bis auf die Kresse, zur Suppe geben und weitere 5 Minuten bei ausgeschalteter Platte ziehen lassen.

Mit Salz und Pfeffer kräftig abschmecken und mit der Sahne legieren. Frische Kresse über die Suppe streuen und servieren.

# Dicke Kichererbsensuppe

*400 g Möhren*
*2 gelbe Paprikaschoten*
*Keime aus 12 EL Kichererbsen*
*60 g Reis*
*1100 ml Wasser*
*1 Knoblauchzehe*
*2 EL gekörnte Gemüsebrühe*
*4 EL süße Sahne*
*2 EL Zitronensaft*
*Keime aus 1 TL Rettichsamen und 1 TL Senfkörnern*

Die Möhren und die Paprikaschoten putzen und klein schneiden, Keime und Reis waschen.

Möhren, Paprika, Kichererbsenkeime und Reis zusammen mit dem Wasser aufsetzen, ankochen und nach Erscheinen einer Dampffahne 20 Minuten auf kleinster Flamme garen.

Den Knoblauch schälen und in die Suppe pressen. Die gekörnte Gemüsebrühe zusammen mit der Sahne und dem Zitronensaft unter die fertige Suppe rühren. Die Rettich- und Senfkeime direkt vor dem Servieren einstreuen.

# Keimeeintopf mit Sojaklößchen

**Für die Suppe:**

200 g Lauch
300 g Möhren
2 gelbe Paprikaschoten
1100 ml Wasser
Keime aus 6 EL Erbsen
2 Knoblauchzehen
2 TL Bohnenkraut
2 EL Sojasauce

**Für die Sojaklößchen:**

50 g Vollsojamehl
1 Ei
4 EL Wasser
1 EL Sojasauce
etwas Salz

Lauch, Möhren und Paprika fein würfeln. Das Gemüse im Wasser aufsetzen. Beim Erscheinen einer Dampffahne den Herd herunterschalten und die Suppe auf kleiner Flamme 10 Minuten köcheln.
Währenddessen für die Soja-Klößchen aus den angegebenen Zutaten einen glatten Teig rühren.
Die Erbsenkeime waschen. Die Suppe kurz aufkochen lassen, die Sojaklößchen mit 2 Teelöffeln portionsweise hinzugeben. Die Hitze wieder reduzieren, die Erbsenkeime dazugeben und weitere 10 Minuten leicht köcheln lassen. Mit Knoblauch, Bohnenkraut und Sojasauce abschmecken.

# Erbsensuppe mit Eierschwämmchen

*Für die Suppe:*
3 TL gekörnte Gemüsebrühe
1100 ml Wasser
Keime aus 10 EL Erbsen

*Für die Schwämmchen:*
4 Eier
120 g Weizenmehl
Muskatnuss, gerieben
1 Prise Salz

Die Gemüsebrühe im Wasser auflösen. Die Keime waschen, in die Suppe geben und aufkochen, bis die Suppe sprudelnd kocht.
Die Eier mit Mehl und Muskatnuss verrühren, eventuell salzen. Die Eierschwämmchen löffelweise in die kochende Suppe geben. Die Schwämmchen stocken innerhalb weniger Minuten.

# Gemüseeintopf mit
# Weizen- und Erbsenkeimen

*50 g Rotkraut*
*50 g Weißkraut*
*50 g Möhren*
*2 Tomaten*
*1 TL getrockneter Salbei*
*1 TL getrockneter Liebstöckel*
*1 TL getrocknetes Bohnenkraut*
*1 Knoblauchzehe*
*1100 ml Wasser*
*Keime aus 10 EL Erbsen und 3 EL Weizen*
*2 EL Sojasauce*
*Salz nach Bedarf*

Rotkraut, Weißkraut und Möhren klein schneiden. Die Tomaten überbrühen, den Stielansatz entfernen und die Haut abziehen. Das Gemüse mit den Kräutern und dem klein geschnittenen Knoblauch in 1100 ml Wasser aufsetzen, aufkochen, dann 15 Minuten bei schwacher Hitze garen.
Die Keime hinzugeben und 10 Minuten mitziehen lassen. Mit Sojasauce und eventuell etwas Salz abschmecken und servieren.

# Sauerkrautsuppe mit Linsenkeimen

*600 g Sauerkraut*
*1200 ml Wasser*
*Keime aus 12 EL Linsen*
*2 Chilischoten*
*1 Prise Salz*

Das Sauerkraut mit dem Wasser aufsetzen, stark ankochen und nach Erscheinen einer Dampffahne den Herd herunter schalten. Auf kleiner Flamme 10 Minuten garen. Die Linsenkeime zum Sauerkraut geben und 5 – 10 Minuten mitkochen. Chilischoten zerbröseln und zur Suppe geben. Mit etwas Salz abschmecken.

# Dicke Gemüsecremesuppe

*200 g Möhren*
*250 g Kohlrabi*
*2 Tomaten*
*1200 ml Wasser*
*Keime aus 8 EL Linsen, 6 EL Kichererbsen und*
*    2 EL Rettichsamen*
*4 EL Weizenschrot*
*2 EL süße Sahne*
*1 TL Sesamöl*
*2 EL Sojasauce*

Möhren und Kohlrabi klein schneiden, Tomaten überbrühen, enthäuten und ebenfalls klein schneiden. Das Gemüse in 1200 ml Wasser 20 Minuten lang garen, anschließend mit dem Schaumlöffel herausnehmen und pürieren.

Die Keime waschen, Linsen und Kichererbsenkeime 10 Minuten in der Brühe ziehen lassen. Das Schrot hinzufügen, noch einmal etwa 5 Minuten aufkochen, bis die Suppe eingedickt ist. Das Gemüsepüree und die süße Sahne unterrühren, mit Sesamöl und Sojasauce abschmecken. Zum Schluss die Rettichkeime einstreuen.

# Zwiebelsuppe mit Kresse

*4 Zwiebeln*
*2 EL Öl*
*1 TL Curry*
*1000 ml Gemüsebrühe*
*getrockneter Thymian*
*getrockneter Rosmarin*
*getrocknetes Bohnenkraut*
*2 EL Weizenmehl*
*Wasser zum Anrühren*
*Salz*
*Pfeffer*
*50 g Schnittkäse*
*Keime aus 4 TL Kressesamen*

Die Zwiebeln in feine Ringe schneiden und im heißen Öl zusammen mit dem Curry glasig dünsten. Mit der Gemüsebrühe ablöschen, die getrockneten Kräuter dazugeben und das Ganze 20 Minuten leicht köcheln lassen.

Das Mehl mit etwas Wasser zu einem glatten Brei rühren, salzen und pfeffern und unter Rühren in die kochende Suppe geben, kurz aufkochen lassen. Den Käse reiben, die Kresse waschen. Beides über die Suppe streuen und sofort servieren.

○ **Tipp:** Statt der getrockneten können natürlich auch frische, gehackte Kräuter verwendet werden. Dann kommen sie aber erst am Ende zusammen mit der Kresse in die Suppe.

# Teigtaschen international

In diesem Kapitel sind Teigtaschen aus aller Welt versammelt. Die Herstellung ist etwas aufwändig, ein Nudelholz und etwas Fingerspitzengefühl sind wichtige Voraussetzungen fürs Gelingen. Aber die Mühe lohnt sich. Denn wer sich erst einmal an selbst gemachten Nudelteig herangetraut hat, wird bald merken, welche besonderen kulinarischen Möglichkeiten sich damit bieten. Beim Formen und anschließenden Füllen des Teiges sind der Fantasie keine Grenzen gesetzt.

Da die Teigtaschen nur ganz kurz gekocht werden, behalten die Keime in der Füllung ihren »Biss« und die Inhaltsstoffe werden geschont. Nehmen Sie sich beim ersten Mal Zeit, die richtige Konsistenz des Nudelteiges auszutesten. Er darf nicht mehr kleben, wenn er aber zu fest ist, lässt er sich nicht mehr gut weiterverarbeiten. Die Menge der zugesetzten Flüssigkeit kann variieren, da Vollkornmehl unterschiedlich viel Wasser bindet.

# Polnische Piroggen

***Für den Teig:***
*300 g sehr feines Weizenvollkornmehl*
*100 ml Wasser*
*2 Eier*
*Mehl für das Brett*

***Für die Füllung:***
*20 g getrocknete Steinpilze*
*1 Zwiebel*
*Keime aus 3 TL Brokkolisamen und 1 TL Senfkörnern*
*100 g Butter zum Anbraten*
*6 EL Vollkornsemmelbrösel*
*2 Eier*
*Salz*
*1 TL Roh-Rohrzucker*
*1 Spritzer Zitronensaft*
*1 TL Senfkörner*
*mindestens 2 l Kochwasser*

*eventuell in Butter geröstete Semmelbrösel zum Bestreuen*
*oder*

***Für die Sauce:***
*2 EL Joghurt*
*1 EL Schmand*
*1 Prise Salz*
*1 TL Roh-Rohrzucker*
*Pfeffer aus der Mühle*

Für die Füllung die Steinpilze mindestens eine Stunde in reichlich Wasser einweichen.

Mehl, Wasser und Eier zu einem festen Teig verarbeiten. Teig etwa 30 Minuten mit einem feuchten Tuch bedeckt ruhen lassen.

Die Pilze abtropfen lassen, Zwiebel schälen und beides zusammen hacken. Die Keime waschen und abtropfen lassen. Butter in einer großen Pfanne erhitzen und Pilze, Zwiebeln und Keime darin kurz anbraten. Mit den Semmelbröseln und den Eiern vermischen und mit den Gewürzen abschmecken.

Backbrett und Nudelholz mit Mehl bestäuben und den Teig dünn ausrollen. Mit einem Glas oder einer Tasse runde Teigstücke ausstechen.

Wasser mit etwas Salz in einem großen Topf zum Kochen bringen. In der Zwischenzeit die Gemüse-Füllung teelöffelweise auf den Teigstücken verteilen. Eine Teighälfte darüber klappen und die Ränder fest andrücken.

Die Piroggen in das sprudelnde Wasser gleiten lassen und 5 Minuten kochen lassen, bis sie an die Oberfläche schwimmen.

Piroggen mit einem Schaumlöffel herausnehmen und auf einer Platte anrichten. Mit in Butter gerösteten Semmelbröseln bestreuen oder mit einer Sauce aus Joghurt, Schmand und den Gewürzen begießen.

❍ **Tipp:** Piroggen können auch zusätzlich mit Käse überbacken werden.

# Tortellini mit Weizenkeimen und Bärlauch

*Für den Teig:*
*300 g sehr feines Weizenvollkornmehl*
*100 ml Wasser*
*2 Eier*
*Mehl für das Brett*

*Für die Füllung:*
*Keime aus 5 EL Weizen*
*100 g Gouda*
*50 g Pinienkerne*
*ein Strauß frische Bärlauchblätter*
*1 Spritzer Zitronensaft*
*1 Prise Salz*

*Für die Sauce:*
*60 g Weizenvollkornmehl*
*Butter zum Anschwitzen*
*500 ml Wasser*
*2 EL saure Sahne*
*1 Prise Salz*
*1 TL Ahornsirup*
*Muskatnuss, frisch gerieben*
*1 Spritzer Zitronensaft*
*einige Bärlauchblätter, gehackt*

Mehl, Wasser und Eier zu einem festen, geschmeidigen Teig verkneten und etwa 30 Minuten ruhen lassen.

Die Weizenkeime waschen. Keime, Käse, Pinienkerne und Bärlauch fein hacken. In einer Schüssel miteinander vermischen und mit Zitronensaft und Salz abschmecken.

Den Teig auf einer bemehlten Fläche dünn ausrollen und in schmale Rechtecke schneiden. Die Gemüsefüllung löffelweise auf eine Hälfte

(in Längsrichtung) der Rechteck setzen und den Teig einrollen. Die Teigrollen an den Enden zu einem Kränzchen zusammendrücken.
Reichlich Salzwasser in einem großen Topf rechtzeitig zum Kochen bringen und die Tortellini hineingleiten lassen. Wenn die Nudeln an die Oberfläche kommen, noch etwa 5 Minuten ziehen lassen.

Für die Sauce das Vollkornmehl in etwas Butter anschwitzen. Das Wasser portionsweise dazugeben und unter kräftigem Rühren mit dem Schneebesen aufkochen lassen. Zum Schluss die Sahne unterziehen und die Sauce mit den Gewürzen, Zitronensaft und Bärlauch würzen.
Die fertigen Tortellini abschütten und in der Sauce servieren.

○ **Tipp:** Bärlauch gibt es nur im zeitigen Frühjahr, wenn man ihn im Wald sammeln kann. Stattdessen können auch frische Basilikumblätter oder ein Pesto verwendet werden.

# Wan-Tan-Suppe

**Für den Teig:**

*300 g sehr feines Weizenvollkornmehl*
*100 ml Wasser*
*2 Eier*
*Mehl für das Brett*

**Für Brühe und Füllung:**

*8 getrocknete Shiitakepilze*
*1 Knoblauchzehe*
*ein kleines Stück frischer Ingwer*
*Salz*
*Keime aus je 2 TL Senf-, Rettich- und Brokkolisamen*
*150 g Tofu*
*1 Prise Roh-Rohrzucker*
*2 EL Sojasauce*
*1 EL Sesamöl*
*1 Prise Salz*
*1 Spritzer Zitronensaft*
*1½ l – 2 l Gemüsebrühe*

Die getrockneten Pilze für die Füllung einige Stunden einweichen.
Für die Wan-Tan Mehl, Wasser und Eier zu einem festen, geschmei-
digen Teig verkneten und etwa 30 Minuten ruhen lassen.
Die Knoblauchzehe und den Ingwer schälen, in kleine Stückchen
schneiden und zusammen mit dem Salz zerreiben. (Je zur Hälfte für
die Gemüsebrühe und die Füllung bestimmt)
Pilze abtropfen lassen. Einen Pilz fein hacken und beiseite stellen.
Restliche Pilze zusammen mit Keimen und dem Tofu fein hacken
und in einer Schüssel vermischen. Eine Hälfte der Ingwer- Knoblauch-
Mischung dazugeben. Mit Roh-Rohrzucker, Sojasauce, Öl, Salz und
Zitronensaft abschmecken.

Gemüsebrühe mit der restlichen Ingwer-Knoblauchmischung und dem gehackten Pilz vermischen und zum Kochen bringen.

Den Teig auf einer bemehlten Fläche ausrollen und in kleine Quadrate schneiden. Einen Klecks Füllung in die Mitte geben, den Teig wie ein Säckchen an den Zipfeln hochnehmen und oben fest zusammendrücken. In der Gemüsebrühe wie die übrigen Teigtaschen kochen. Die Suppe nach Bedarf mit einem kräftigen Schuss Sesamöl und Sojasauce abschmecken, eventuell noch Zitronensaft, Roh-Rohrzucker und Salz hinzufügen.

○ **Tipp:** Wan-Tans sind die chinesische Variante der Teigtaschen. Sie erhalten ihren typischen Geschmack durch getrocknete Shiitakepilze, frischen Ingwer und Sesamöl aus geröstetem Sesam. Wenn noch etwas Füllung übrig ist, kann sie zu der Gemüsebrühe gegeben werden.

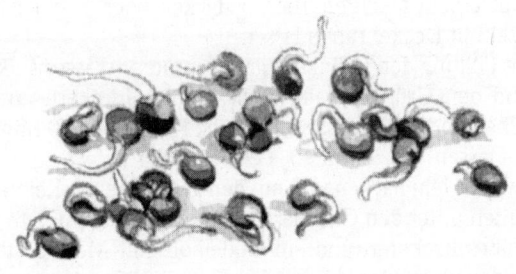

# Schwäbische Maultaschen

**Für den Teig:**

*300 g sehr feines Weizenvollkornmehl*
*100 ml Wasser*
*2 Eier*
*Mehl zum Bestäuben*

**Für die Füllung:**

*100 g Grünkern*
*200 ml Wasser*
*1 Zwiebel*
*ca. 100 g Keime aus 5 TL Alfalfasamen*
*1 TL Roh-Rohrzucker*
*Pfeffer, frisch gemahlen*
*Muskatnuss, gerieben*
*1 Spritzer Zitronensaft*
*1 Prise Salz*

*mindestens 2 l leicht gesalzenes Wasser zum Kochen*

Mehl, Wasser und Eier miteinander verkneten. Es muss ein fester, aber geschmeidiger Teig entstehen. Versuchen Sie, so viel Wasser wie möglich einzuarbeiten, ohne dass der Nudelteig klebrig wird. Teig mit einem feuchten Tuch bedecken oder in einer luftdichten Schüssel mit Deckel ruhen lassen.

Für die Füllung den Grünkern grob schroten. Wasser aufkochen lassen und den Grünkern einrieseln lassen. Grünkern unter Rühren aufkochen und auf der ausgeschalteten Platte noch 10 Minuten nachquellen lassen.

Die Zwiebel fein hacken und mit den gewaschenen Keimen und den Gewürzen unter den Grünkernbrei mischen.

Ein großes Backbrett und ein Nudelholz mit Mehl bestäuben und den Nudelteig so dünn wie möglich ausrollen. Teig in Vierecke schneiden, auf eine Seite einen Teelöffel Füllung setzen, den Teig von der anderen Seite darüberklappen und mit den Fingern ganz fest zusammendrücken. Wenn Sie nicht zu viel Füllung verwenden und einen breiten Rand zum Zusammendrücken lassen, klappt das auch ohne zusätzlichen »Kleber« in Form von Ei.

Wasser mit etwas Salz in einem großen Topf zum Kochen bringen und die fertigen Maultaschen hineingleiten lassen. Sie sind nach etwa 5 Minuten gar, wenn sie an die Oberfläche steigen und sich etwas aufblähen. Mit dem Schaumlöffel herausnehmen und servieren.

## Maultaschensuppe

Kochen Sie die Maultaschen in einer gut gewürzten Gemüsebrühe, in der sie dann auch als Suppe serviert werden. Einfachste Möglichkeit hierzu: ein Löffel gekörnte Gemüsebrühe im Kochwasser.

Wenn Sie etwas mehr Aufwand betreiben wollen: Waschen, putzen und zerkleinern Sie ein Bund Suppengemüse aus Möhren, Sellerie und Lauch (oder Ähnlichem) und setzen es im Wasser auf, etwa 10 Minuten, bevor Sie die Maultaschen mit in die Suppe geben.

Mit Salz, Pfeffer, Roh-Rohrzucker, Muskatnuss und Zitronensaft würzen.

# Maultaschen auf Blattspinat

*Maultaschen nach Rezept (Seite 112) zubereiten.*

### Für den Blattspinat:

*1 kg Spinat*
*etwas Kochwasser*
*100 g Bergkäse*
*2 EL Joghurt*
*1 EL Schmand*
*1 Prise Salz*
*1 TL Ahornsirup,*
*1 TL Zitronensaft*
*Muskatnuss, frisch gerieben*

Den Spinat putzen und sehr gründlich waschen. Den Boden eines großen Topfes fingerbreit mit Wasser bedecken. Den Spinat hineingeben und stark ankochen, bis eine Dampffahne am Deckelrand erscheint. Dann noch etwa 5 Minuten auf kleinster Hitze kochen. Den Käse reiben oder in feine Streifen schneiden. Aus Joghurt und Schmand und den Gewürzen eine Sauce anrühren. Den Spinat über einem Sieb abtropfen lassen und in eine feuerfeste Form geben. Mit der Sauce begießen und die Maultaschen darauf schichten. Mit dem Käse bestreuen und etwa 5 Minuten bei 200 °C im Backofen überbacken.
Variation: Man kann die Maultaschen auch auf ein Zwiebelbett setzen. Dazu 250 g Zwiebeln klein schneiden und in Fett goldgelb braten.

○ **Tipp:** Erschrecken Sie nicht über das Volumen, das 1 kg Spinat hat. Es reduziert sich durch Kochen auf ein überschaubares Maß.

# Keime im Wok

Woks, die großen, runden Pfannen aus Asien, haben bei uns inzwischen in vielen Haushalten Einzug gehalten – aus meinem ist der Wok nicht mehr wegzudenken.

Er ist das ideale Kochgeschirr für das chinesische »Pfannenrühren«. Diese Garmethode ist sehr schonend, die Zutaten sind ständig in Bewegung und bleiben nur kurz in der heißen Kochzone am Boden des Wok. Die Zutaten stehen klein geschnitten bereit – so kann die Garzeit kurz gehalten werden. Gemüse und Keime bleiben knackig, behalten ihre Form und natürlich auch einen Großteil der hitzeempfindlichen Inhaltsstoffe. Die Zubereitungsart ist also wie geschaffen für die Keimeküche.

Wenn Sie sich nicht gleich einen Wok zulegen möchten, können Sie auch eine geräumige Pfanne oder einen Bratentopf benutzen.

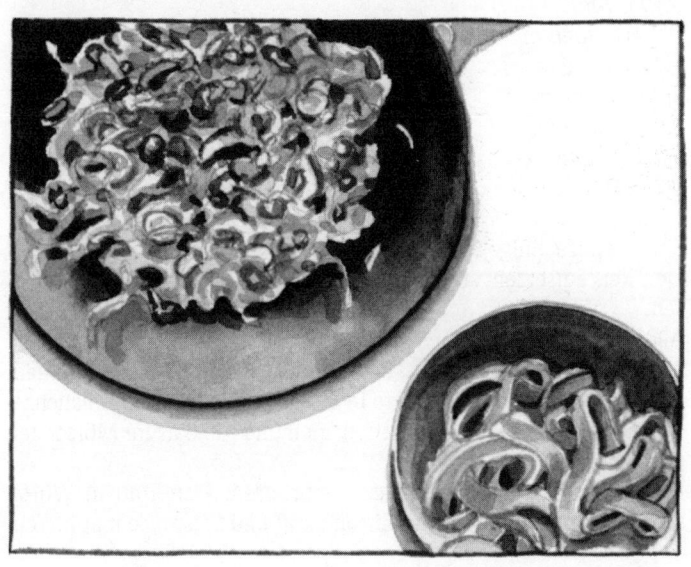

# Acht kostbare Keime

*10 Shiitakepilze, getrocknet*
*250 g Naturreis*
*550 ml Wasser*
*Keime aus je 1 TL Bockshornklee-, Brokkoli-, Senf-*
*    und Rettichsamen, 1 EL Kichererbsen,*
*    1 TL Sonnenblumenkernen, 1 EL Linsen,*
*    1 EL Adzukibohnen*
*    (Achtung, müssen besonders lang wachsen)*
*150 g Champignons*
*1 Knoblauchzehe*
*1 bohnengroßes Stück frischer Ingwer*
*Salz*
*½ TL Johannisbrotkernmehl*
*125 ml Wasser*
*250 g Tofu*
*    (eventuell mit Sojasauce und Zitronensaft mariniert)*
*Öl zum Anbraten*
*1 EL Zitronensaft*
*1 EL Sojasauce*
*1 EL Sesamöl*
*1 EL Ahornsirup*

Shiitakepilze einige Stunden einweichen.

Den Reis aufsetzen, stark ankochen und 30 Minuten gar ziehen lassen.

Alle Keime waschen und einzeln bereitstellen. Champignons waschen, putzen und klein schneiden. Shiitakepilze aus dem Wasser nehmen, Stielansatz entfernen und Pilze in Streifen schneiden. Knoblauchzehe und Ingwer schälen, klein schneiden und mit Salz im Mörser zerdrücken.

Johannisbrotkernmehl im Wasser einrühren. Den Tofu in Würfel schneiden und eventuell mit Zitronensaft und Sojasauce marinieren.

Den Wok auf höchste Stufe anheizen und etwas Öl darin erhitzen. Nacheinander im Minutentakt unter ständigem Rühren Adzukibohnenkeime, Kichererbsenkeime, Champignons, Shiitakepilze, Tofu, Bockshornkleekeime und zum Schluss auf einmal alle restlichen kleinen Keime dazugeben. Mit dem angerührten Johannisbrotkernmehl ablöschen. Leicht andicken und mit der Ingwer-Knoblauch-Mischung, Zitronensaft, Sojasauce, Sesamöl und Ahornsirup abschmecken.
Das Wok-Gemüse mit dem Reis mischen oder in getrennten Schüsseln servieren.

○ **Tipp:** Je mehr verschiedene Zutaten ein Gericht enthält, desto höher wird sein Wert in der chinesischen Küche eingeschätzt. Durch die Kombination aus getrockneten Shiitakepilzen, frischem Ingwer und dem Sesamöl aus geröstetem Sesam bekommt das Gericht seinen typischen Geschmack.

# Keime-Mix auf Nudeln

*7 Shiitakepilze, getrocknet*
*100 g Möhren*
*100 g Zwiebeln*
*Keime aus 3 TL Senfkörnern, 3 TL Rettichsamen und*
   *6 EL Mungbohnen*
*1 Knoblauchzehe*
*1 bohnengroßes Stück frischer Ingwer*
*1 Prise Salz*
*½ TL Johannisbrotkernmehl*
*125 ml Wasser*
*Öl zum Anbraten*
*1 EL Ahornsirup*
*1 EL Sesamöl*
*1 EL Sojasauce*
*Wasser*
*Salz*
*250 g Vollkornnudeln*

Die Shiitakepilze einige Stunden in reichlich Wasser einweichen.
Möhren und Zwiebeln schälen, in feine Scheiben schneiden. Die
Keime waschen und getrennt bereitstellen. Die aufgeweichten Pilze
von den Stielen befreien und in Streifen schneiden. Den Knoblauch
und den Ingwer schälen und mit dem Salz im Mörser zerstampfen.
Das Johannisbrotkernmehl in dem Wasser anrühren.
Nudelwasser in einem großen Topf mit etwas Salz zum Kochen brin-
gen. Nudeln darin bissfest garen. Abschütten und zur Seite stellen.
Wenn sie vor dem Gemüse gar werden und ein Weilchen auf die
Weiterverwendung warten müssen, empfiehlt es sich, sie mit einem
Löffel Öl zu begießen und auf dem Sieb in den noch warmen Topf zu
hängen.
Den Wok auf höchste Stufe aufheizen und das Öl erhitzen. Zuerst die
Möhren hineingeben und etwa 3 Minuten unter Rühren garen. Dann

nacheinander Zwiebeln, Pilze, Bohnenkeime, Senf- und Rettichkeime im Abstand von etwa einer Minute hinzugeben, dabei ständig weiterrühren. Die Senf- und Rettichkeime werden nur noch leicht angewärmt. Zum Schluss das Wasser mit dem Johannisbrotkernmehl zufügen und einmal aufkochen. Mit Ahornsirup, Sesamöl, Knoblauch-Ingwer -Mischung und Sojasauce würzen.

Die Nudeln unterheben oder Nudeln und Gemüse in getrennten Schüsseln servieren.

# Bunte Keimepfanne

*250 g Naturreis*
*550 ml Wasser*
*300 g Tofu*
*2 EL Sojasauce*
*Saft einer halben Zitrone*
*200 g Pastinaken*
*200 g Zwiebeln*
*½ TL Johannisbrotkernmehl*
*125 ml Wasser*
*Öl zum Braten*
*Keime aus je 2 EL Mungbohnen, Adzukibohnen und Linsen*
*1 Prise Salz*
*Curry*
*Roh-Rohrzucker*
*1 TL Essig*

Den Reis in kochendem Wasser aufsetzen und aufkochen lassen, etwa 30 Minuten auf kleinster Flamme ausquellen lassen. Tofu in kleine Würfel schneiden und mit Sojasauce und Zitronensaft marinieren. Pastinaken schaben, Zwiebeln schälen und beides in feine Scheiben schneiden. Johannisbrotkernmehl in dem Wasser anrühren.
Öl im Wok erhitzen. Unter ständigem Rühren nacheinander innerhalb von 10 – 15 Minuten Pastinaken, Zwiebeln und Keime hineingeben. Mit dem angerührten Johannisbrotkernmehl ablöschen und andicken. Mit den Gewürzen und dem Essig abschmecken.
Das Gemüse zusammen mit dem Reis auftragen.

○ **Tipp:** Wenn Sie das Gemüse eher knackig bevorzugen, können Sie das Gericht schon nach 8 – 10 Minuten ablöschen. Die Keime brauchen nur 2 – 3 Minuten Garzeit.
Adzukibohnen müssen mindestens 2 Tage länger keimen als Mungbohnen und Linsen. Wenn Ihnen das zu umständlich erscheint, ersetzen Sie sie durch Linsen oder Mungbohnen.

# Nasi Goreng

*2 Tassen Naturreis*
*4 Tassen Wasser*
*300 g Lauch*
*2 Paprikaschoten*
*Keime aus 6 EL Erbsen, 6 EL Weizen und*
*    4 EL Bockshornkleesamen*
*Öl zum Braten*
*2 TL Chinagewürz*
*2 EL Sojasauce*
*4 Eier*

Reis in dem kochenden Wasser aufsetzen und aufkochen lassen, bis eine Dampffahne erscheint, anschließend etwa 30 Minuten auf kleiner Flamme gar kochen.

Währenddessen das Gemüse klein schneiden und die Keime waschen. Öl im Wok erhitzen. Bei hoher Temperatur im Abstand von etwa 3 Minuten nacheinander Lauch, Paprika und Erbsenkeime in das Öl geben, dabei ständig rühren. Weizen- und Bockshornkleekeime untermischen, mit Chinagewürz und Sojasauce abschmecken.

Den Reis unterheben. In einer zweiten Pfanne Fett erhitzen und die Eier braten – je nach Geschmack als Spiegel- oder Rührei.

Das Gemüse auf einer Platte anrichten und mit den Eiern bedecken.

# Hirse mit Keimegemüse

*2 Tassen Hirse*
*etwas Fett für den Topf*
*4 Tassen Wasser*
*Keime aus 6 EL Weizen und 6 EL Mungbohnen*
*1 rote Paprikaschote*
*250 g Lauch*
*200 g Brokkoli*
*180 g Hartkäse, z. B. Emmentaler oder Greyerzer*
*Öl zum Anbraten*
*3 EL Sojasauce*
*2 TL Curry*

Die Hirse waschen und in einem Topf in etwas Fett leicht rösten, mit dem Wasser ablöschen. Bei Erscheinen einer Dampffahne noch 15 Minuten auf kleinster Flamme garen und anschließend ausquellen lassen.

Die Keime waschen, Paprika und Lauch klein schneiden, Brokkoli in kleine Röschen zerteilen, den Käse raspeln.

Im Wok Öl erhitzen und im Abstand von 3 Minuten Lauch, Paprika, Brokkoli und Bohnenkeime in die Pfanne geben und unter Rühren anbraten. Die Weizenkeime unterheben.

Das Gemüse mit der Hirse vermischen, mit Sojasauce und Curry würzen. In einer Schüssel oder auf einer Platte anrichten und mit dem geraspelten Käse bestreuen.

# Linsenkeime mit Spätzle

**Für das Keimegemüse:**

4 Zwiebeln
Keime aus 16 EL Linsen
Öl zum Anbraten
1 Becher saure Sahne
2 Knoblauchzehen, gepresst
Salz
Saft einer Zitrone
1 TL Bohnenkraut, getrocknet

**Für die Spätzle:**

2 l Wasser
Salz
2 Eier
300 g Weizenvollkornmehl
200 ml Wasser
Muskatnuss, frisch gerieben

Die Zwiebeln in Ringe schneiden, die Keime waschen.

Für die Spätzle in einem großen Topf gut 2 l Wasser mit etwas Salz erhitzen. Aus Eiern, Mehl und Wasser mit dem Schneebesen einen Teig rühren, mit Salz und Muskat abschmecken.

Wenn das Wasser kocht, einen Teil des Teiges durch eine Spätzle-presse oder einen Spätzlehobel hineingeben. Nach etwa 3 Minuten sind die Nudeln gar, sie kommen an die Oberfläche. Die Nudeln mit einem Schaumlöffel auf ein Sieb schöpfen und abtropfen lassen. Wie-derholen, bis der Teig aufgebraucht ist. Darauf achten, dass das Was-ser jedes Mal neu aufkocht.

Im Wok Öl erhitzen, die Zwiebeln goldgelb anbraten. Die Keime hin-zufügen und etwa 3 Minuten garen. Die saure Sahne unterrühren und mit Knoblauch, Salz, Zitronensaft und Bohnenkraut abschmecken. Das Gemüse mit den Spätzle vermischen und servieren.

# Gemüse aus Erbsenkeimen

*800 g Kartoffeln*
*Keime aus 16 EL Erbsen*
*1 Zwiebel*
*Öl zum Anbraten*
*1 Prise Salz*
*2 Knoblauchzehen*
*2 TL Kräuter der Provençe*

Die Kartoffeln waschen, in wenig Wasser aufsetzen, stark ankochen und etwa 30 Minuten auf kleinster Flamme gar kochen.
Während der Garzeit die Keime waschen und die Zwiebel in Ringe schneiden. Öl im Wok erhitzen und die Zwiebelringe goldgelb braten. Die Erbsen dazugeben und unter Rühren etwa 5 Minuten braten. Mit Salz, gepresstem Knoblauch und Kräutern abschmecken.
Das Erbsengemüse zu den heißen Pellkartoffeln servieren.

○ **Tipp:** Pfannengerührtes muss nicht immer asiatisch schmecken. Überzeugen Sie sich, wie flexibel Sie einen Wok einsetzen können.

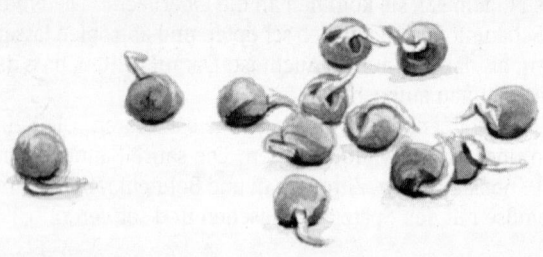

# Toast mit Bohnen- und Sesamkeimen

*4 Zwiebeln*
*2 Bananen*
*2 Äpfel*
*Keime aus 6 EL Mungbohnen und 4 TL Sesamsamen*
*200 g Gouda*
*Fett zum Anbraten*
*1 TL Curry*
*1 Prise Salz*
*8 Scheiben Vollkorntoast (oder normales Vollkornbrot)*
*Butter für den Toast*

Die Zwiebeln fein hacken, das Obst klein schneiden. Die Keime waschen und abtropfen lassen. Den Käse in Scheiben schneiden. Etwas Obst als Garnierung aufbewahren.

Die Zwiebeln in etwas Fett in einer Pfanne braun braten. Mungbohnenkeime, Bananen und Äpfeln dazugeben und etwa 3 Minuten mit anbraten. Mit Curry und Salz abschmecken.

Das Brot toasten, mit Butter bestreichen und das Gemüse darauf verteilen. Die Brote mit Käse bedecken und mit Obst dekorieren. Bei 150 °C 5 – 10 Minuten überbacken, bis der Käse zerläuft. Sesamkeime darüber streuen und sofort servieren.

# Cheeseburger mit Keimen

*4 Zwiebeln*
*200 g Raclettekäse*
*Keime aus 6 EL Mungbohnen und 4 EL Sonnenblumenkernen*
*Fett zum Anbraten*
*2 TL Sojasauce*
*2 TL Honig*
*2 TL Tomatenmark*
*4 TL süße Sahne*
*8 Vollkornbrötchen*
*Butter für die Brötchen*

Die Zwiebeln in Ringe, den Käse in Scheiben schneiden. Die Keime waschen und abtropfen lassen.

Fett im Wok oder in einer Pfanne erhitzen und die Zwiebeln braun braten. Die Mungbohnenkeime dazugeben, noch 3 Minuten unter Rühren mitbraten, die Pfanne von der Platte nehmen und die Sonnenblumenkeime untermischen.

Sojasauce, Honig, Tomatenmark und Sahne zu einer Sauce rühren. Die Brötchen aufschneiden und mit den Innenseiten nach unten auf dem Toaster rösten. Die untere Brötchenhälfte mit Butter bestreichen und das Gemüse darauf verteilen. Auf jedes Brötchen etwas von der Sauce geben und mit Käse bedecken. Bei 150 °C im Backofen 5 – 10 Minuten überbacken, bis der Käse zerläuft. Die obere Brötchenhälfte darauf setzen und noch ganz kurz anwärmen. Sofort servieren.

# Deftiges für den großen Hunger

Nach einem langen Schultag oder nach getaner Arbeit versammeln sich Ihre Lieben hungrig um den Mittagstisch. Die hier vorgestellten deftigen Hauptgerichte sorgen schnell dafür, dass die Energiedepots wieder aufgefüllt werden. Wieder einmal erweisen sich Keime dabei als äußerst vielseitig. Sie machen sich als Keime-Wrap ebenso gut wie in pikanten Gemüsekuchen oder verleihen Bratlingen die besondere Note.

Bewusst wurden althergebrachte Gemüsearten, wie beispielsweise Steckrüben, aufgenommen und in einen neuen Zusammenhang gestellt. Auch traditionelle Gerichte können Sie neu für sich entdecken, indem Sie Keime dazu verwenden. So etwa die Frankfurter Grüne Soße, das Gericht meiner hessischen Heimat.

Die Keime werden in den meisten Rezepten gekocht. Dabei wurde jedoch darauf geachtet, eine besonders schonende Garmethode zu verwenden und Temperatur und Garzeit möglichst gering zu halten.

# Linsenbratlinge

*8 EL Vollkornsemmelbrösel*
*2 Eier*
*Keime aus 8 EL Linsen*
*1 Bund Schnittlauch*
*2 EL Vollkornmehl*
*1 Prise Salz*
*1 TL Curry*
*2 TL Roh-Rohrzucker*
*2 TL Zitronensaft*
*Fett zum Braten*

Semmelbrösel mit den Eiern vermischen und etwas weichen lassen. Die Keime und den Schnittlauch fein hacken, mit den Semmelbröseln und dem Mehl mischen. Die Masse mit den Gewürzen und dem Zitronensaft abschmecken.

Fett in einer großen Pfanne erhitzen. Flache Bratlinge formen und von jeder Seite etwa 4 Minuten bei mittlerer Hitze braten. Nicht zu früh wenden, damit sich eine haltbare Kruste bilden kann.

○ **Tipp:** Besonders gut schmecken die Linsenbratlinge auf Kartoffelpüree mit Käse überbacken.

# Tofubratlinge

*400 g Tofu*
*Fett zum Anbraten*
*2 Zwiebeln*
*Keime aus 2 EL Weizen*
*4 EL Haferflocken*
*1 Ei*
*1 Prise Salz*
*Pfeffer*
*1 EL Sojasauce*

**Als Beilage:**
*2 Tassen Naturreis*
*4 Tassen Wasser*

Den Reis waschen und mit dem Wasser aufsetzen, stark ankochen und 30 Minuten auf kleinster Flamme quellen lassen. Während dieser Zeit die Bratlinge zubereiten.

Den Tofu mit einer Gabel zerdrücken und in einer Pfanne in heißem Fett unter Rühren bräunen.

Zwiebeln und Weizenkeime fein hacken, in einer großen Schüssel mit den Haferflocken, dem Ei und den Gewürzen vermischen. Tofu hinzufügen und alles gut miteinander vermischen. Aus dem Teig mit zwei Löffeln Bratlinge formen und in heißem Fett von beiden Seiten knusprig braten. Nicht zu früh wenden, damit sie nicht zerfallen.

Mit dem Reis servieren.

# Süßsaure Bohnenkeime
## mit Kichererbsenbratlingen

*Für das Gemüse:*

150 g Hafer
4 Zwiebeln
6 Äpfel
Keime aus 6 EL Mungbohnen
Fett zum Anbraten
4 EL süße Sahne
1 Prise Salz
1 TL Curry
2 Knoblauchzehen, gepresst

*Für die Bratlinge:*

150 g Gerstengrütze
400 ml Wasser
Keime aus 6 EL Kichererbsen
2 Zwiebeln
4 EL Weizenmehl
2 Eier
2 EL Sojasauce
1 TL Curry
Muskatnuss, gerieben
Salz
1 TL Sesamöl
Fett zum Braten

Den Hafer über Nacht einweichen.
Die Zwiebeln in Ringe schneiden, die Äpfel mit Schale klein schneiden, Keime waschen. In einer Pfanne mit Deckel die Zwiebeln in 1 EL Fett goldgelb braten. Äpfel, Keime und Hafer hinzufügen. Umrühren und bei schwacher Hitze mit geschlossenem Deckel etwa 10 Minuten dämpfen, bis die Äpfel zerfallen. Falls die Äpfel nicht

genug Flüssigkeit enthalten, noch etwas Wasser (höchstens eine halbe Tasse) beim Garen hinzugeben. Nun die Sahne unterrühren und mit den Gewürzen abschmecken.

Für die Bratlinge die Gerstengrütze etwa 1 Stunde in dem Wasser einweichen. Die Keime waschen und hacken, mit der Grütze im Einweichwasser auf kleinster Flamme 20 Minuten garen.

Die Zwiebeln sehr fein würfeln und mit dem Mehl und den Eiern zu der gegarten Grütze geben und gut vermischen. Mit den Gewürzen kräftig abschmecken.

Reichlich Fett in einer Pfanne erhitzen, das Fett sollte sehr heiß sein. Mit zwei Esslöffeln kleine, flache Plätzchen formen und in das Fett gleiten lassen. Von beiden Seiten je etwa 5 Minuten braten. Nicht zu früh umdrehen, die Bratlinge brechen sonst auseinander.

Bratlinge mit den Bohnenkeimen servieren.

# Linsenhaschee im Roggenring

### Für den Roggenring:
2 Tassen Roggenkörner (über Nacht eingeweicht)
4 Tassen Wasser zum Kochen
120 g Gouda
Keime aus 6 EL Mungbohnen
2 Eier
8 EL Weizenmehl
2 EL Sojasauce
1 TL Rosmarin, fein gehackt
1 TL Bohnenkraut, fein gehackt
1 Prise Salz
Fett für die Form

### Für das Haschee:
140 g Vollkornbrot
100 ml Wasser
70 g geriebener Meerrettich
1 TL Sojasauce
Keime aus 8 EL Linsen
1 Prise Salz
Pfeffer
1 TL Honig
2 EL Zitronensaft

Die Roggenkörner in der doppelten Menge Wasser zum Kochen bringen und etwa 1 Stunde auf kleiner Flamme kochen. Sie sollten sehr weich sein.

Den Käse würfeln, die Keime waschen. Käse und Keime unter den fertig gegarten Roggen mischen, mit den Eiern und dem Mehl vermischen und mit den Gewürzen und Kräutern kräftig abschmecken.

Eine Kranz-Kuchenform einfetten, den Teig hineinfüllen, abdecken und bei 200 °C 40 Minuten backen.

Das Brot mindestens 30 Minuten im Wasser einweichen. Brot zusammen mit dem Wasser zerstampfen bzw. mit der Küchenmaschine oder dem Pürierstab pürieren. Die Masse mit dem Meerrettich in einen Topf geben, die Sojasauce hinzugeben und etwa 5 Minuten kräftig kochen. Die Linsenkeime waschen, zu dem Brot geben und alles auf kleinster Flamme 10 Minuten garen. Vorsicht, es brennt sehr leicht an. Mit Salz, Pfeffer, Honig und Zitronensaft würzen.

Zum Servieren den Roggenring auf eine Platte stürzen und mit dem Linsenhaschee anrichten.

# Keime mit hausgemachten Spätzle

**Für das Gemüse:**

3 Zwiebeln
2 Tomaten
Keime aus 6 EL Mungbohnen und 6 EL Kichererbsen
Fett zum Anbraten
200 ml Wasser
6 EL süße Sahne
2 TL Kräuter der Provençe
2 EL Sojasauce
2 EL Zitronensaft

**Für die Spätzle:**

2 l Wasser, leicht gesalzen
2 Eier
300 g Vollkornmehl (je nach Geschmack Weizen oder Roggen)
200 ml Wasser
1 Prise Salz
Muskatnuss, gerieben

Die Zwiebeln schälen und in Ringe schneiden. Die Tomaten mit kochendem Wasser überbrühen, abziehen und den Stielansatz entfernen. Die Keime waschen.
In einer Pfanne etwas Fett erhitzen und die Zwiebeln leicht bräunen. Die Tomaten zerteilen und zusammen mit den Keimen zu den Zwiebeln geben. Mit Wasser ablöschen und die Keime bei geschlossenem Deckel 20 Minuten auf kleinster Flamme garen.
Die Sahne hinzugeben und mit Kräutern, Sojasauce und Zitronensaft abschmecken.

In einem großen Topf gut 2 l Wasser mit etwas Salz erhitzen. Aus Eiern, Mehl und Wasser mit dem Schneebesen einen Teig rühren, mit Salz und Muskat abschmecken.

Wenn das Wasser kocht, einen Teil des Teiges durch eine Spätzlepresse oder einen Spätzlehobel hineingeben. Nach etwa 3 Minuten sind die Nudeln gar, sie kommen an die Oberfläche. Die Spätzle mit einem Schaumlöffel auf ein Sieb schöpfen und abtropfen lassen. Das Ganze wiederholen, bis der Teig aufgebraucht ist. Darauf achten, dass das Wasser jedes Mal neu aufkocht, bevor neuer Teig hineinkommt.

# Paprikapizza mit Rucola

*Für eine große Springform:*

## Für den Teig:

*400 g Weizen*
*1 Würfel Hefe*
*100 g Butter*
*200 ml Milch*
*1 Prise Salz*
*Fett für die Form*

## Für den Belag:

*4 rote Paprikaschoten*
*1 Apfel*
*2 kleine Zwiebeln*
*1 Tasse Wasser*
*2 TL Paprika, edelsüß*
*1 TL gekörnte Gemüsebrühe*
*300 g Gouda*
*Keime aus 3 TL Rucolasamen*

Weizen fein mahlen. Die Hefe über das Mehl krümeln und mit Butter, Milch und Salz zu einem glatten Teig verkneten. Mit einem Tuch bedeckt eine halbe Stunde an einem warmen Ort gehen lassen.

In der Zwischenzeit Paprika, Apfel und Zwiebeln putzen, klein schneiden und mit einer Tasse Wasser 20 Minuten auf kleinster Flamme dünsten. Mit Paprika und Gemüsebrühe abschmecken. Den Käse reiben.

Den Hefeteig in einer gefetteten Springform gleichmäßig verteilen. Bei 200 °C 20 Minuten vorbacken. Mit dem Gemüse belegen und mit dem Käse abdecken. Noch einmal 10 Minuten backen.

Die fertige Pizza mit den Keimen bestreuen und auftragen.

# Gemischtes Gemüse mit Keimen

*1 Zwiebel*
*400 g Champignons*
*300 g Brokkoli*
*Keime aus 4 EL Adzukibohnen und 8 EL Linsen*
*Fett zum Anbraten*
*150 ml Wasser*
*1 Becher saure Sahne*
*2 EL Sojasauce*
*2 EL Zitronensaft*
*Muskatnuss, gerieben*
*1 Prise Salz*

Die Zwiebel in Ringe, die Champignons in Scheiben schneiden, den Brokkoli in kleine Röschen zerteilen. Die Keime waschen.
Fett in einem Topf erhitzen und die Zwiebelringe goldgelb anbraten. Keime, Brokkoli und Champignons darüber schichten, das Wasser dazugießen und alles auf kleiner Flamme 15 Minuten garen.
Die saure Sahne dazugeben, umrühren und mit Sojasauce, Zitronensaft, Muskatnuss und Salz abschmecken.
Das Gemüse darf zum Schluss nicht mehr aufkochen, da die Sahne sonst ausflockt.

○ **Tipp:** Als Beilage passen dazu Naturreis oder Pfannkuchen.

## Steckrüben und grüne Bohnenkeime mit Reis

*450 g Steckrüben*
*200 ml Wasser*
*2 Lorbeerblätter*
*1 ½ EL Rübenkraut*
*2 TL Kräuter der Provençe*
*Pfeffer*
*1 Prise Salz*
*Keime aus 8 EL Mungbohnen und 2 TL Kressesamen*
*2 EL Weizenmehl*
*50 ml Wasser*

**Für die Beilage:**
*2 Tassen Naturreis*
*4 Tassen Wasser*
*1 TL Sojasauce*

Die Steckrüben putzen, würfeln und mit dem Wasser aufkochen. Lorbeerblätter, Rübenkraut und Kräuter dazugeben. Mit Salz und Pfeffer nach Geschmack würzen. Bei Erscheinen einer Dampffahne die Temperatur drosseln und die Rüben etwa 20 Minuten gar kochen.

Die Keime waschen, die Kresse hacken. Bohnenkeime zu den Steckrüben geben und weitere 10 Minuten garen.

Das Mehl in 50 ml Wasser anrühren, zu dem Gemüse gießen und unter Rühren aufkochen lassen. Die Lorbeerblätter entfernen. Das Gemüse in einer Schüssel anrichten und vor dem Servieren mit der Kresse bestreuen. Gleichzeitig den Reis im Wasser aufkochen und bei Erscheinen einer Dampffahne noch 30 Minuten auf kleiner Flamme garen. Mit der Sojasauce würzen.

# Erbsenreis mit Ei

*2 Tassen Naturreis*
*Fett zum Anbraten*
*4 Tassen Wasser*
*Keime aus 10 EL Erbsen*
*4 Eier*
*2 TL Sojasauce*

Den Reis waschen und in etwas Fett kurz anbraten. Mit dem Wasser ablöschen und den Reis bei niedriger Temperatur etwa 20 Minuten garen.

Die Erbsenkeime waschen und zu dem Reis geben, noch 10 Minuten weitergaren.

In der Zwischenzeit die Eier hart kochen, schälen und hacken. Den fertigen Erbsenreis mit Sojasauce würzen und auf einer Platte oder Schüssel anrichten. Mit den Eiern garnieren.

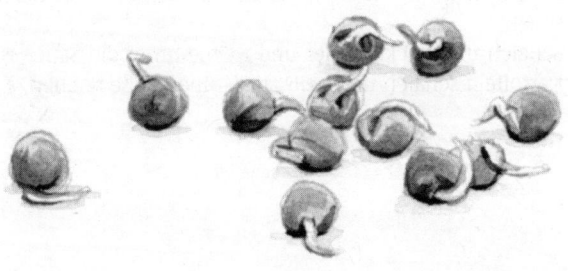

# Frankfurter Grüne Soße mit Keimen

*4 Eier*
*Keime aus 2 TL Kresse-, 2 TL Alfalfa-, 2 TL Bockshornklee-,*
*    2 TL Rettich- und 2 TL Rucolasamen, 2 TL Senfkörnern*
*    und 2 TL Weizen*
*2 Becher Joghurt*
*2 Becher saure Sahne*
*1 Prise Salz*
*2 EL Sojasauce*
*2 EL Zitronensaft*
*2 TL Honig*
*1 Knoblauchzehe*

### Als Beilage:
*800 g Kartoffeln*

Für die Beilage zunächst die Kartoffeln abbürsten und in einem Topf, fingerbreit mit Wasser gefüllt, aufsetzen. Stark ankochen, bei Erscheinen einer Dampffahne zurückschalten und auf kleinster Flamme 25 Minuten gar kochen.

Die Eier hart kochen. Während der Garzeiten die Sauce zubereiten: Keime waschen und sehr fein hacken. Joghurt und saure Sahne mit den Gewürzen, dem Zitronensaft und der gepressten Knoblauchzehe vermischen.

Die Eier schälen und hacken. Eier und Keime unter die Sauce rühren. Die Kartoffeln schälen und heiß zur Grünen Soße reichen.

# Pellkartoffeln und Quark

*500 g Magerquark*
*100 ml Milch*
*2 TL Sojasauce*
*1 EL Zitronensaft*
*1 Prise Salz*
*1 Zwiebel*
*Keime aus 2 TL Senfkörnern, 4 TL Weizen, 2 TL Alfalfasamen und*
*    2 EL Adzukibohnen*

### Als Beilage:
*800 g Kartoffeln*

Für die Beilage zunächst die Kartoffeln abbürsten und in einem Topf, fingerbreit mit Wasser gefüllt, aufkochen lassen und auf kleinster Flamme etwa 25 Minuten gar kochen. Adzukibohnen blanchieren.
In der Zwischenzeit den Quark mit der Milch glatt rühren. Mit Sojasauce, Zitronensaft und Salz abschmecken. Zwiebel und gewaschene Keime fein hacken und zusammen unter den Quark mischen.
Die Kartoffeln schälen und heiß mit dem Quark servieren.

# Pellkartoffeln und saure Keime

*500 g Magerquark*
*100 ml Milch*
*1 Prise Salz*
*Kümmel*
*200 g sauer eingelegte Keime nach Wahl (siehe Seite 74)*

### Als Beilage:
*800 g Kartoffeln*

Für die Beilage zunächst die Kartoffeln abbürsten und in einem Topf, fingerbreit mit Wasser gefüllt, aufkochen lassen. Auf kleinster Flamme etwa 25 Minuten gar kochen.

Quark mit der Milch glatt rühren, mit Salz und Kümmel nach Geschmack würzen und die Keime unterheben. Zu den heißen Pellkartoffeln servieren.

# Kichererbsenkeime im Römertopf

*800 g Kartoffeln*
*200 g Steckrüben*
*2 Zwiebeln*
*Keime aus 8 EL Kichererbsen*
*4 TL Kräuter der Provençe*
*1 Prise Salz*
*6 TL Senfkörner, ungekeimt*
*2 Lorbeerblätter*
*2 TL Bohnenkraut, gerebelt*
*2 Knoblauchzehen*
*1 Tasse Rotwein*

Den Römertopf etwa 30 Minuten in Wasser einweichen.

Kartoffeln schälen und würfeln, die Steckrüben in kleine Würfel, die Zwiebeln in Ringe schneiden. Die Kichererbsenkeime waschen. Alles zusammen in den Römertopf geben und gut vermischen. Kräuter, Gewürze und geschälte und gehackte Knoblauchzehen hinzufügen und den Rotwein dazugießen.

Den Deckel des Römertopfes auflegen und das Gemüse bei 200 °C etwa 1 Stunde im Backofen garen.

Im Römertopf servieren.

# Kartoffel-Eier-Pfanne

*800 g Kartoffel*
*1 Zwiebel*
*150 ml Wasser*
*Keime aus 12 EL Adzukibohnen*
*4 Eier*
*2 EL Sojasauce*
*1 Prise Salz*
*1 TL Kräuter der Provençe*

Die Kartoffeln schälen und in Würfel schneiden. Die Zwiebel hacken. Beides zusammen etwa 20 Minuten in dem Wasser dämpfen. Die Keime dazugeben und etwa 5 Minuten weitergaren.
Eier und Gewürze verquirlen und über die Keime-Kartoffeln geben. Bei geschlossenem Deckel einige Minuten stocken lassen.

# Bulgur mit Kichererbsen

*1 Zwiebel*
*Keime aus 15 EL Kichererbsen*
*Fett zum Anbraten*
*2 Tassen Bulgur*
*4 Tassen Wasser*
*1 TL Rosenpaprika*
*1 Prise Salz*
*Pfeffer*

Die Zwiebel hacken, die Keime waschen. Das Fett in einem großen Topf erhitzen und die Zwiebel darin anbraten. Bulgur, Wasser und Keime dazugeben, kurz aufkochen und 20 Minuten gar ziehen lassen. Mit Paprika, Salz und Pfeffer nach Geschmack würzen.

# Hommus mit essigsauer eingelegten Keimen

*250 g Kichererbsen, ungekeimt*
*1 EL Olivenöl*
*2 Knoblauchzehen*
*Saft einer Zitrone*
*1 Prise Salz*
*200 g sauer eingelegte Keime nach Wahl (siehe Seite 74)*

Die Kichererbsen über Nacht in reichlich Wasser einweichen, am nächsten Tag 1½ Stunden auf kleiner Flamme in frischem Wasser garen. Die Erbsen grob stampfen und durch ein Sieb streichen.
Die Paste mit dem Öl, dem gepressten Knoblauch und Zitronensaft glatt rühren und mit Salz abschmecken. Hommus erkalten lassen und mit den sauer eingelegten Keimen servieren.
Dazu passt Roggenbrot mit Butter.

○ **Tipp:** Hommus ist eine arabische Spezialität aus Kichererbsen. Die Erbsen werden dazu sehr weich gekocht. Der Brei wird oft mit verschiedenen frischen Salaten oder Mixed Pickles serviert. Hier eine Kombination mit sauer eingelegten Keimen.
Bereiten Sie die Keime einige Tage vorher zu, damit sie durchziehen können. Besonders praktisch ist es, wenn Sie sich einen kleinen Vorrat an sauren Keimen anlegen, aus dem Sie nach Bedarf schöpfen können.

# Wrap mit Keimgemüse

### Für den Teig:
200 g Weizenmehl
2 Eier
300 ml Milch
1 Prise Salz
Muskatnuss, gerieben
Fett zum Backen

### Für die Gemüsefüllung:
450 g Möhren
2 Zwiebeln
Keime aus 6 EL Mungbohnen
ca. 200 ml Wasser
3 TL getrocknetes Bohnenkraut
Salz
Saft einer halben Zitrone

### Für die Sauce:
100 g Gouda
Butter zum Anschwitzen
2 EL Weizenmehl
200 ml Wasser
1 Knoblauchzehe
½ TL Curry

Mehl, Eier und Milch gut mit dem Schneebesen verrühren, dabei mit Salz und Muskatnuss nach Geschmack würzen. Den Teig mindestens 30 Minuten ruhen lassen, damit das Mehl quellen kann. Die Pfannkuchen werden dann knuspriger.
Die Möhren in dünne Scheiben, die Zwiebeln in Ringe schneiden, die Keime waschen. Möhren, Zwiebeln und Bohnenkeime in einen Topf schichten. Zwischen die Schichten Bohnenkraut und Salz streu-

en. Wasser dazugießen und aufkochen lassen. Wenn eine Dampffahne erscheint, zurückschalten und auf kleinster Stufe etwa 25 Minuten gar kochen. Mit Zitronensaft beträufeln und beiseite stellen.

Für die Sauce den Käse reiben. Etwas Butter in einem Topf erhitzen, Mehl dazugeben und leicht anbräunen. Etwa ein Drittel des Wassers dazugießen und verrühren, so dass ein zäher Kloß entsteht. Die restlichen beiden Drittel nacheinander dazugeben und jedes Mal unter ständigem Rühren 3 Minuten aufkochen. Den Käse und die Gewürze dazugeben. Vom Käse etwas zum Garnieren zurückbehalten.

In einer Pfanne reichlich Fett erhitzen und aus dem Teig Pfannkuchen backen. Die eine Hälfte der Pfannkuchen mit dem Gemüse belegen, die Käsesauce darüber gießen und zuklappen. Mit Käse bestreuen und sofort servieren.

# Pikanter Keimekuchen

*Für ein Backblech*

### Für den Hefeteig:
*175 g Weizenmehl*
*175 g Roggenmehl*
*1 Würfel Hefe (40 g)*
*1 TL Honig*
*150 ml Milch*
*2 EL Joghurt*
*1 Prise Salz*
*Fett für das Blech*

### Für den Belag:
*220 g Hartkäse Emmentaler*
*1 Becher süße Sahne*
*2 Eier*
*2 Knoblauchzehen*
*2 TL Kräuter der Provençe*
*Muskatnuss, gerieben*
*1 Prise Salz*
*Keime aus 2 TL Bockshornkleesamen, 4 EL Kichererbsen,*
*    2 EL Mungbohnen und 3 EL Adzukibohnen*

Mehl in eine Schüssel geben, in die Mitte eine Mulde drücken. Hefe zerkrümeln und mit dem Honig und der lauwarmen Milch vermischen. Zusammen mit dem Joghurt und dem Salz zum Mehl geben. Alles zu einem festen Teig verkneten.
Die Schüssel mit einem Tuch bedecken und an einem warmen Ort 30 – 60 Minuten gehen lassen, bis das Volumen des Teiges sich deutlich vergrößert hat.

In der Zwischenzeit den Käse reiben. Mit der Sahne und den Eiern vermischen, den Knoblauch hineinpressen, Kräuter hinzuzufügen und mit Muskatnuss und Salz abschmecken.

Die Keime waschen und abtropfen lassen.

Ein Backblech einfetten. Den Teig noch einmal kräftig kneten und auf dem vorbereiteten Blech dünn ausrollen. Die Kichererbsen- und Bohnenkeime darauf verteilen und mit der Käse- und Sahnesauce übergießen. Den Kuchen noch einmal 15 Minuten gehen lassen.

Im vorgeheizten Ofen bei 200 °C 30 Minuten backen. Mit den Bockshornkleekeimen bestreuen und heiß servieren.

○ **Tipp:** Die Zutaten für den Hefeteig sollten Zimmertemperatur haben, damit die Hefe sich nicht »erschreckt«. Beim Gehenlassen des Teiges darauf achten, dass keine Zugluft stört.

# Herzhafter Keimestrudel

**Für den Teig:**

2 EL Butter
350 g Weizenmehl (fein gemahlen)
2 Eier
100 ml Wasser
1 TL Salz
Fett für das Blech
4 EL süße Sahne oder Milch zum Bestreichen

**Für die Füllung:**

200 g Möhren
Keime aus 1 TL Senfkörnern, 1 TL Rettichsamen, 2 EL grünen
 Erbsen und 2 EL Kichererbsen
1 Zwiebel
6 EL Quark
4 EL Joghurt
6 EL saure Sahne
2 EL Tomatenmark
4 EL Sojasauce
2 EL Zitronensaft

Die Butter in einem kleinen Topf zerlassen, ohne sie zu bräunen und
etwas abkühlen lassen. Das Mehl auf ein Backbrett geben und in der
Mitte eine Mulde drücken. Eier in einer kleinen Schüssel aufschlagen, etwa 2 EL davon abnehmen und beiseite stellen. Restliche Eier,
Wasser, Butter und Salz zum Mehl geben. Gründlich zu einem festen
Teig verkneten. Nach etwa 10 Minuten ist er zäh und glatt und klebt
nicht mehr an den Händen. Zu klebrigem Teig fehlt noch etwas Mehl,
wenn er bröckelig ist, muss man ihn etwas feuchter machen.
Den Teig in ein feuchtes Tuch wickeln und zugedeckt etwa 30 Minuten in einer warmen Schüssel ruhen lassen.

Inzwischen die Möhren in feine Scheiben schneiden und die Keime waschen. Die Zwiebel schälen und sehr fein hacken. Quark, Joghurt, Sahne, Tomatenmark, Sojasauce und Zitronesaft zu einer Sauce verrühren.

Den Teig teilen und sehr dünn auf einem bemehlten Brett ausrollen (2 kleine Strudel sind besser zu handhaben).

Teig mit der Sauce bestreichen. Möhren, Zwiebeln und Keime darauf verteilen. Die Ränder freilassen und mit dem zurückbehaltenen Ei bestreichen. Strudel zusammenrollen, die Ränder gut zusammendrücken und beide Strudel nebeneinander auf ein gefettetes Backblech setzen. Mit Sahne oder Milch bestreichen und bei 200 °C 30 – 45 Minuten backen, bis die Kruste goldgelb ist.

# Frühlingsrollen

**Für den Teig:**

2 EL Butter
350 g Weizenmehl (fein gemahlen)
2 Eier
100 ml Wasser
½ TL Salz
Fett für das Blech
4 EL süße Sahne oder Milch zum Bestreichen

**Für die Füllung:**

4 Eier
2 Zwiebeln
Keime aus 4 EL Mungbohnen und 4 EL Kichererbsen
etwas Fett zum Anbraten
100 ml Wasser
100 g essigsaure Adzukibohnenkeime (siehe Seite 74)
Saft einer Zitrone
2 EL Sojasauce
1 TL Curry
Frittierfett

Butter in einem kleinen Topf zerlassen, etwas abkühlen lassen. Mehl sieben (grobe Kleiebestandteile für Müsli verwenden). Das gesiebte Mehl auf ein Backbrett geben und in der Mitte eine Mulde drücken. Eier aufschlagen, etwa 2 EL davon abnehmen und beiseite stellen. Restliche Eier, Wasser, Butter und Salz zum Mehl geben und alles gründlich zu einem festen Teig verkneten. Nach etwa 10 Minuten ist er glatt und klebt nicht mehr an den Händen.

Teig in ein feuchtes Tuch wickeln und zugedeckt etwa 30 Minuten in einer warmen Schüssel ruhen lassen.

Inzwischen die Eier hart kochen, die Zwiebeln in Ringe schneiden und die Keime waschen und abtropfen lassen.

In einem Topf etwas Fett erhitzen, die Zwiebeln darin anbraten. Die frischen Keime und das Wasser hinzufügen und 5 Minuten auf kleiner Flamme garen.

Die eingelegten Keime dazugeben. Die Eier schälen, hacken und unter das Gemüse mischen. Mit Zitronesaft Sojasauce und Curry würzen.

Den Teig in etwa 12 gleich große Teile teilen und diese auf einem bemehlten Brett so dünn wie möglich ausrollen. Die Füllung auf den Teigstücken verteilen, Ränder mit Ei bestreichen und einrollen. Die Ränder dabei gut andrücken.

Die Friteuse nach Gebrauchsanleitung mit Fett füllen und auf höchste Stufe anheizen. Das Fett muss sofort sprudeln, wenn man das Bratgut hineinlegt. Die Rollen von jeder Seite 5 Minuten ausbacken und sofort servieren.

○ **Tipp:** Die Frühlingsrollen können auch in einem Bratentopf oder einer tiefen Pfanne frittiert werden, sie müssen nicht unbedingt frei schwimmen, sollten aber an der Unterseite gut von heißem Fett umspült sein.

# Süßer Quarkstrudel mit Weizenkeimen

**Für den Teig:**

2 EL Butter
350 g Weizenmehl (fein gemahlen)
2 Eier
100 ml Wasser
1 Prise Salz
1 EL Honig
Fett für das Blech

**Für die Füllung:**

Keime aus 12 EL Weizen
1 Ei
600 g Quark
300 g Joghurt
1 EL Honig
120 g Rosinen

Butter in einem kleinen Topf zerlassen, etwas abkühlen lassen. Mehl auf ein Backbrett geben und in der Mitte eine Mulde drücken. Butter, Eier, Wasser, Salz und Honig zum Mehl geben und alles gründlich zu einem festen Teig verkneten. Nach etwa 10 Minuten ist er glatt und klebt nicht mehr an den Händen.

Teig in ein feuchtes Tuch wickeln und zugedeckt etwa 30 Minuten in einer warmen Schüssel ruhen lassen.

In der Zwischenzeit die Keime waschen. Das Ei aufschlagen, eine Hälfte des Eies zur Seite stellen. Restliches Ei, Keime, Quark und Joghurt mit dem Honig und den Rosinen in einer Schüssel verrühren.

Den Teig in zwei gleiche Portionen teilen und hauchdünn ausrollen. Mit der Füllung bestreichen. Die Ränder freilassen und mit etwas Ei bestreichen. Teig aufrollen und die Ränder gut andrücken. Die Strudel mit dem restlichen Ei bestreichen.

Ein Backblech einfetten und die beiden Strudel darauf setzen. Bei 200 °C 30 – 45 Minuten backen, bis die Kruste goldgelb ist.

○ **Tipp:** Statt der Rosinen können Sie für die Füllung auch andere Trockenfrüchte, Kokosflocken oder gemahlene Nüsse ausprobieren.

# Süßer Keimewrap

*Für den Teig:*
200 g Weizenmehl
2 Eier
300 ml Milch
1 Prise Salz
2 TL Honig
Fett zum Backen

*Für die Füllung:*
500 g Magerquark
100 ml Milch
1 TL Honig
1 TL Vanillepulver
Keime aus 2 TL Alfalfasamen und 2 TL Sesamsamen

Die Zutaten für den Teig miteinander vermischen und etwa 30 Minuten ruhen lassen.

Währenddessen die Füllung zubereiten. Quark mit der Milch glatt rühren, mit Honig und Vanille abschmecken. Die Keime waschen und unter den Quark rühren.

In heißem Fett dünne Pfannkuchen ausbacken. Pfannkuchen zur Hälfte mit dem Keimequark bestreichen und zuklappen. Sofort servieren.

# Apfelpfannkuchen mit Weizenkeimen

*200 g Weizenvollkornmehl*
*300 ml Milch*
*2 Eier*
*2 EL Honig*
*1 TL Zimt*
*1 Prise Salz*
*Keime aus 8 EL Weizen*
*2 Äpfel*
*Fett zum Braten*

Aus Mehl, Milch, Eiern, Honig, Zimt und etwas Salz einen dünnflüssigen Teig anrühren und etwa 30 Minuten ruhen lassen.
Keime und Äpfel waschen. Äpfel vom Kerngehäuse befreien, schälen und in kleine Stücke schneiden. Beides unter den Teig rühren.
Reichlich Fett in einer großen Pfanne erhitzen. Den Teig portionsweise zu kleinen Pfannkuchen ausbacken. Heiß servieren.

○ **Tipp:** Wer dieses sättigende Hauptgericht noch erweitern möchte, kann z. B. Kompott oder süßen Quark dazureichen.

# Waffeln mit pikantem Keimequark
*(ergibt 8 Waffeln)*

### Für die Waffeln:
200 g Butter
Keime aus 6 EL Weizen
2 Eier
300 g Weizenmehl
1 Würfel Hefe (40 g)
350 ml Milch
1 TL Sesamöl
Muskatnuss, frisch gerieben
1 Prise Salz
Fett für das Waffeleisen

### Für den Quark:
Keime aus 4 TL Kressesamen, 2 TL Rettichsamen, 4 TL Weizen
und 2 TL Bockshornkleesamen
400 g Magerquark
100 ml Milch
1 EL Sojasauce
1 TL Curry
1 Prise Salz
1 EL Zitronensaft

Die Butter zerlassen, dabei nicht bräunen und anschließend abkühlen lassen. Weizenkeime waschen und hacken. Eier trennen, Eiweiß kalt stellen.

Mehl in einer Schüssel mit der zerbröckelten Hefe mischen. Eigelb, Butter und Milch dazugeben und alles zu einem glatten Teig verrühren. Die Weizenkeime unterarbeiten, mit Sesamöl, Muskat und Salz abschmecken und den Teig an einem warmen Ort 30 Minuten zugedeckt gehen lassen.

In der Zwischenzeit Kresse-, Rettich-, Weizen- und Bockshornkleekeime hacken, mit Quark und Milch gründlich verrühren und mit Sojasauce, Curry, Salz und Zitronensaft abschmecken.

Eiweiß zu steifem Schnee schlagen und vorsichtig unter den Waffelteig heben. Das Waffeleisen einfetten und vorheizen. Aus dem Teig acht Waffeln ausbacken und zusammen mit dem Quark heiß servieren.

# Zimtwaffeln mit Obst

*200 g Butter*
*Keime aus 6 EL Weizen*
*2 Eier*
*300 g Weizenmehl*
*1 Würfel Hefe (40 g)*
*350 ml Milch*
*2 TL Zimt*
*2 EL Honig*
*1 Prise Salz*
*Fett für das Waffeleisen*

*800 g Früchte der Saison*
*1 Becher süße Sahne*

Die Butter zerlassen und abkühlen lassen. Weizenkeime waschen und hacken. Eier trennen, Eiweiß kalt stellen.

Mehl in einer Schüssel mit der zerbröckelten Hefe mischen. Eigelb, Butter und Milch dazugeben und alles zu einem glatten Teig verrühren. Die Keime unterarbeiten, mit Zimt, Honig und etwas Salz würzen. Den Teig an einem warmen Ort 30 Minuten zugedeckt gehen lassen.

In der Zwischenzeit die Früchte waschen und klein schneiden und die Sahne schlagen.

Eiweiß zu steifem Schnee schlagen und vorsichtig unter den Waffelteig heben. Das Waffeleisen einfetten und vorheizen. Waffeln ausbacken und mit Früchten und Schlagsahne servieren.

○ **Tipp:** Ein wunderbares Mittagessen für heiße Tage, z. B. mit Beerenobst, Pfirsichen oder Kirschen.

# Aufläufe

Das Auflauf-Kapitel ist einzig und allein deshalb so umfangreich geraten, weil in unserer Familie alle absolute Fans der Ofengerichte sind. Sie lösen meist einstimmige Begeisterung am Essenstisch aus. Außerdem sind Aufläufe äußerst praktisch für das »Küchenpersonal«: Man kann alles vorbereiten, packt es in den Backofen und hat dann Zeit, aufzuräumen und in Ruhe den Tisch zu decken.

Man kann einen Auflauf in einer freien Stunde vorbereiten und im Kühlschrank aufbewahren, bis es Zeit für den Ofen ist. Eine gute Alternative also zu den »Fix-und Fertig-Menüs«.

Letzter, aber auch nicht zu vernachlässigender Pluspunkt: Aufläufe schmecken immer wieder anders. Und Kartoffeln, Reis, Nudeln, Getreide, aber auch Gemüsereste kommen damit wieder zur Geltung.

# Kressesoufflé auf Steckrüben

1 kg Steckrüben
2 Zwiebeln
1 l Wasser
2 Lorbeerblätter
4 TL Senfkörner
4 TL Rübenkraut
¼ TL Pfeffer
je 1 TL Salbei und Bohnenkraut
1 Prise Salz
4 EL Weizenschrot

**Für das Soufflé:**
800 g Kartoffeln
Keime aus 5 TL Kressesamen
100 g Butterkäse
2 Eier
100 ml Milch
2 EL Sojasauce
Fett für die Form

Die Steckrüben und die Zwiebeln putzen und in kleine Würfel schneiden. Beides zusammen in 1 l Wasser mit den angegebenen Gewürzen 45 Minuten bei schwacher Hitze gar kochen.

In der Zwischenzeit die Kartoffeln waschen und in einem fingerbreit mit Wasser gefüllten Topf etwa 25 Minuten garen. Währenddessen die Kresse waschen und hacken, den Käse reiben. Etwas Kresse als Garnierung aufheben.

Die Eier trennen, das Eiweiß zu Schnee schlagen.

Die Kartoffeln schälen und zu Mus stampfen. Nach und nach Sojasauce, Eigelb, Kresse und Käse einarbeiten. Den Eischnee unterheben.

Die Steckrüben noch einmal stark aufkochen und mit dem Weizenschrot binden. Bei Bedarf nachwürzen. Die Lorbeerblätter entfernen. Rüben in eine gefettete Auflaufform füllen und mit der Kartoffelmasse bedecken. Die offene Form in den vorgeheizten Ofen schieben und bei 200 °C 15 Minuten überbacken. Mit etwas Kresse garnieren.

# Sojabohnen unter der Haube

*200 g gelbe Sojabohnen, ungekeimt*
*1 l Wasser*
*2 Lorbeerblätter*
*4 TL Sojasauce*
*2 Zwiebeln*
*400 g Fenchel*
*150 g Hartkäse*
*Keime aus 10 TL Mungbohnen*
*2 Knoblauchzehen*
*Fett zum Anbraten*
*200 ml Wasser*
*Muskatnuss, gerieben*
*3 TL Kräuter der Provence*
*1 Prise Salz*
*Fett für die Form*

**Für den Hefeteig:**
*125 g Roggenmehl*
*1 Würfel Hefe*
*50 ml Wasser*
*50 g Butter*
*1 TL Kräuter der Provence*
*½ TL Salz*

Die gelben Sojabohnen waschen, über Nacht in 2 l Wasser einweichen. Bohnen abschütten und in 1 l frischem Wasser mit den Lorbeerblättern aufsetzen und etwa 2 Stunden garen. Nach dem Kochen die Lorbeerblätter entfernen. Die Sojasauce dazugeben und nach
Bedarf noch etwas salzen.
Für den Hefeteig Mehl, zerkrümelte Hefe, lauwarmes Wasser, Butter, Kräuter und Salz gründlich zu einem festen Teig verkneten und
zugedeckt an einem warmen Ort 30 Minuten gehen lassen.

Währenddessen die Zwiebeln in Ringe und den Fenchel in Scheiben schneiden, den Käse reiben. Die Keime waschen. Knoblauch schälen und pressen.

In einer Pfanne Fett erhitzen und die Zwiebel anbraten. Unter ständigem Rühren im Abstand von je 5 Minuten zuerst den Fenchel und dann die Keime dazugeben. Mit 200 ml Wasser ablöschen. Käse und Knoblauch hinzufügen und mit Muskatnuss, Kräutern und Salz abschmecken. So lange rühren, bis der Käse geschmolzen ist.

Eine runde Auflaufform (25 cm Durchmesser) fetten und abwechselnd die gekochten gelben Sojabohnen und das Gemüse einschichten.

Aus dem Hefeteig einen etwa 3 cm dicken Deckel formen, der etwas über den Rand der Auflaufform ragt. Die Form damit bedecken, den Teig an den Rändern festdrücken. Den Teig auf dem fertigen Auflauf nochmals ½ Stunde gehen lassen. Im vorgeheizten Ofen bei 175 °C etwa 1 Stunde backen.

# Keimeauflauf mit Artischockenböden

*1 kg Kartoffeln*
*4 Zwiebeln*
*1 Tasse Naturreis (Rundkorn)*
*2 Tassen Wasser*
*8 Artischocken*
*Saft einer Zitrone*
*Keime aus 6 TL Weizen, 4 TL Senfkörnern, 2 TL Alfalfasamen und*
  *6 TL Mungbohnen*
*200 g Käse*
*2 Eier*
*100 ml Milch*
*Muskatnuss, gerieben*
*1 Prise Salz*
*Fett zum Anbraten*
*2 EL saure Sahne*
*½ TL Pfeffer*
*2 TL Salbei, getrocknet*
*2 EL Sojasauce*
*Fett für die Form*

Kartoffeln waschen und in einem fingerbreit mit Wasser gefüllten Topf etwa 25 Minuten garen. Anschließend die Kartoffeln pellen.
Während der Kochzeit Zwiebeln schälen und würfeln, Reis waschen und beides zusammen in zwei Tassen Wasser auf kleiner Flamme 30 Minuten lang kochen.
Währenddessen die Artischocken von Stiel, Blättern und Staubgefäßen befreien. Den Stiel nicht abschneiden, sondern abbrechen, damit die zähen Stielfasern aus dem Boden herausgezogen werden. Artischockenböden mit Zitronensaft beträufeln, damit sie nicht braun werden. In einem Topf, fingerbreit mit Wasser gefüllt, auf kleiner Flamme etwa 35 Minuten garen. Die Böden müssen weich sein. Bei Bedarf Wasser nachgießen.

Keime waschen, Käse reiben und die Eier trennen. Das Eiweiß zu Schnee schlagen.

Den Zwiebelreis mit dem Pürierstab pürieren. Die gekochten Kartoffeln mit Milch und der Hälfte des Käses zu einem Püree verarbeiten, mit Salz und Muskatnuss würzen und das Eiweiß unterheben.

In einer großen Pfanne Fett erhitzen und die Keime 2 Minuten anbraten. Zwiebelreis, saure Sahne, Eigelb und übrigen Käse hinzufügen. Mit Pfeffer, Salbei und Sojasauce abschmecken.

Eine Auflaufform einfetten, als Unterlage das Kartoffelpüree hineinfüllen, die gar gekochten Artischockenböden darauf setzten und mit dem Keimegemüse bedecken. Die Form mit einem Deckel abdecken und bei 200 °C 15 Minuten im Ofen backen.

# Gefüllte Zwiebeln

*2 Tassen Bulgur*
*4 Tassen Wasser*
*1 Prise Salz*
*4 dicke Gemüsezwiebeln (etwa 300 g)*
*Keime aus 12 TL Mungbohnen*
*Fett zum Anbraten*
*4 EL Joghurt*
*2 Knoblauchzehen*
*2 TL Kräutern der Provençe*
*2 TL Sojasauce*
*Fett für die Form*
*100 g Hartkäse*

Den Bulgur über Nacht in Salzwasser einweichen. Die Zwiebeln schälen und aushöhlen, so dass die beiden äußeren Schichten stehen bleiben. Zur Seite legen.

Das Innere der Zwiebeln fein hacken. Die Keime waschen.

In einer großen Pfanne 1 EL Fett erhitzen. Eine Hälfte der gehackten Zwiebeln darin bräunen, die Bohnenkeime hinzufügen und unter Rühren 5 Minuten braten. Die Knoblauchzehen durch die Presse drücken und zusammen mit dem Joghurt, den Kräutern und der Sojasauce unter das Keimegemüse mischen.

Die andere Hälfte der gehackten Zwiebeln anbraten und unter den eingeweichten Bulgur rühren. Eine Auflaufform fetten und die Bulgur-Zwiebel-Masse auf dem Boden verteilen. Die ausgehöhlten Zwiebeln darauf setzen und mit den Keimen füllen.

Die Form mit einem Deckel abdecken und den Auflauf im vorgeheizten Ofen bei 200 °C etwa 50 Minuten backen. Deckel abnehmen und den in Scheiben geschnittenen Käse auf den Zwiebeln verteilen. Weiter 5 Minuten ohne Deckel überbacken.

# Rösti mit Erbsenkeimen

*1 Zwiebel*
*Keime aus 16 EL Erbsen*
*Fett zum Anbraten*
*1 kg Kartoffeln*
*2 Eier*
*Pfeffer*
*1 Prise Salz*
*Muskatnuss, gerieben*
*Fett für die Form*
*150 ml süße Sahne*
*Keime aus 2 TL Alfalfasamen*

Die Zwiebel schälen und würfeln, die Keime waschen. In einer Deckelpfanne etwas Fett erhitzen und die Zwiebeln kurz anbraten. Die Erbsenkeime dazugeben und bei kleiner Hitze mit geschlossenem Deckel 5 Minuten dünsten. Zur Seite stellen.

Die Kartoffeln waschen, schälen und grob raspeln.

Die Eier trennen, das Eiweiß zu Schnee schlagen. Eigelb und gedünstetes Gemüse unter die geraspelten Kartoffeln mischen, mit Pfeffer, Salz und Muskatnuss abschmecken. Vorsichtig den Eischnee unterheben.

Eine Auflaufform einfetten und die Masse einfüllen. Mit der Sahne begießen. Die Form mit einem Deckel abdecken und im vorgeheizten Ofen bei 200 °C etwa 1 Stunde backen.

Die fertigen Rösti mit den frischen Keimen aus Alfalfa garnieren.

# Süßsaures Keimgemüse in ganzen Äpfeln

*1½ Tassen Hafer*
*3 Tassen Wasser*
*2 EL Sojasauce*
*je 1 rote, gelbe und grüne Paprika*
*300 g Chinakohl*
*1 Zwiebel*
*Keime aus 6 TL Mungbohnen*
*Fett zum Anbraten*
*2 EL Sojasauce*
*2 TL Honig*
*Saft einer Zitrone*
*Pfeffer*
*Kurkuma*
*4 Äpfel*
*300 g Kartoffeln*
*Fett für die Form*

Hafer über Nacht in 3 Tassen Wasser mit der Sojasauce einweichen. Paprika und Chinakohl putzen und klein schneiden. Die Zwiebel in Ringe schneiden, die Keime waschen.

In einer großen Deckelpfanne Fett erhitzen und Zwiebelringe bräunen. Restliches Gemüse und Keime dazugeben und bei geschlossenem Deckel 10 Minuten bei kleinster Flamme dünsten. Mit Sojasauce, Honig, Zitronensaft, Pfeffer und Kurkuma abschmecken.

Während das Gemüse gart, das Kerngehäuse der Äpfel mit dem Ausstecher entfernen, die Kartoffeln schälen und reiben.

Eine Auflaufform fetten. Die Haferkörner abtropfen, mit den geriebenen Kartoffeln mischen und in die Form füllen. Ein Teil des Gemüses darauf verteilen. So viel davon übrig lassen, dass es als Füllung für die Äpfel reicht.

Die Äpfel mit dem Gemüse füllen und in die Form setzen. Die Form mit einem Deckel schließen und im vorgeheizten Ofen bei 200 °C etwa 1 Stunde backen.

# Gefüllte Bratäpfel auf Reis

*2 Tassen Naturreis*
*1 Prise Salz*
*4 Tassen Wasser*
*6 Äpfel*
*Keime aus 8 TL Weizen*
*100 g Rosinen*
*4 TL Honig*
*1 TL Zimt*
*120 ml süße Sahne*
*Fett für die Form*

Den Reis mit dem Salz in der doppelten Menge Wasser aufkochen lassen und bei niedrigen Temperaturen etwa 30 Minuten garen lassen.

Zwei Äpfel waschen, schälen und raspeln. Das Kerngehäuse der restlichen vier Äpfel mit dem Ausstecher entfernen.

Weizenkeime und Rosinen waschen. Den fertigen Reis mit geraspelten Äpfeln, Honig, Zimt und der Sahne mischen und in eine gefettete Auflaufform (mit Deckel) füllen.

Die vier Äpfel auf den Reis setzen und mit Keimen und Rosinen füllen. Einen Teil der Füllung über den Reis geben.

Die Form mit dem Deckel abdecken und die Bratäpfel im vorgeheizten Ofen bei 200 °C etwa 35 Minuten backen.

# Kohlrouladen, türkische Art

*2 Tassen Grünkern*
*4 Tassen Wasser*
*12 große Chinakohlblätter*
*1 Prise Salz*
*12 halbe Zitronenscheiben, unbehandelt*
*Fett für die Form*

### Für die Füllung:

*1 Tasse Hirse*
*2 Tassen Wasser*
*1 Zwiebel*
*Keime aus 6 TL Kichererbsen, 4 TL Linsen und*
*    2 TL Bockshornkleesamen*
*5 TL Rosinen*
*1 Tomate*
*Fett zum Anbraten*
*2 EL Joghurt*
*1 TL gehackter Pfefferminze*
*2 TL Dill*
*¼ TL Piment*
*½ TL Zimt*
*2 TL Honig*
*1 TL Sojasauce*
*1 Prise Salz*

### Für die Sauce:

*Fett zum Anschwitzen*
*3 EL Weizenmehl*
*250 ml Wasser*
*50 g kräftiger Schafskäse*

Grünkern und Hirse für die Füllung getrennt in Wasser über Nacht einweichen.

Die Kohlblätter in Salzwasser 5 – 10 Minuten garen. Aus dem Wasser nehmen und auf einem Sieb abtropfen lassen.

Die Hirse in der doppelten Menge Wasser aufkochen lassen und etwa 5 Minuten bei niedriger Temperatur garen.

Zwiebel in Ringe schneiden, Keime und Rosinen hacken. Die Tomate überbrühen, abziehen und das Fruchtfleisch klein schneiden. In einer großen Pfanne zuerst die Zwiebel in etwas Fett anbraten. Unter ständigem Rühren im Abstand von je 3 Minuten die Tomate und die Keime hinzufügen. Joghurt, Rosinen und Gewürze untermischen. Hirse dazugeben.

Eine flache Auflaufform fetten. Grünkern abtropfen und in die Form füllen. Die Kohlblätter auf einer Platte ausbreiten, auf jedes etwa einen Esslöffel der Hirse-Gemüsefüllung geben und darin einrollen. Die Kohlrouladen auf den Grünkern setzen.

In einem Topf Mehl in etwas Fett anschwitzen, mit Wasser auffüllen, unter Rühren aufkochen und den Schafskäse hineinbröckeln. So lange kräftig rühren, bis er geschmolzen ist. Die Sauce über den Auflauf gießen. Auf jede Kohlroulade eine halbe Zitronenscheibe legen. Die Form mit einem Deckel abdecken und im vorgeheizten Backofen bei 200 °C 30 Minuten backen.

# Lasagne mit Kichererbsenkeimen

**Für den Teig:**

300 g Weizenmehl
2 Eier
100 ml Wasser

**Für die Füllung:**

1½ Tassen Weizen, ungekeimt
3 Tassen Wasser
2 Zwiebeln
400 g Chinakohl
100 g Raclettekäse
Keime aus 5 TL Linsen und 7 TL Kichererbsen
Fett zum Anbraten
220 ml Wasser
200 g Joghurt
3 EL Quark
1½ EL Weizenschrot
Saft einer halben Zitrone
Muskatnuss, gerieben
Kurkuma
3 TL grüner Pfeffer
Salz
Fett für die Form
180 g Hartkäse zum Überbacken

**Für die Sauce:**

2 EL Weizenmehl
etwas Fett
200 ml Wasser oder Milch
1 Prise Salz
Muskatnuss, gerieben

Weizenkörner über Nacht in der doppelten Menge Wasser einweichen.

Aus Mehl, Eiern und Wasser einen festen Teig kneten. Er muss geschmeidig sein und sich von den Händen lösen. Wenn er klebt, noch etwas Mehl hinzufügen. Den fertigen Teig in ein feuchtes Tuch einpacken und im Kühlschrank ½ Stunde ruhen lassen.

Die Zwiebeln in Ringe, den Chinakohl klein schneiden, den Käse reiben, die Keime waschen.

In einer großen Pfanne Fett erhitzen. Unter ständigem Rühren zuerst die Zwiebeln anbraten und im Abstand von je 3 Minuten den Kohl und dann die Keime hinzufügen. Mit dem Wasser ablöschen, Joghurt und Quark untermischen und mit dem Weizenschrot binden. Die eingeweichten Weizenkörner und den Käse unterrühren und mit den Gewürzen abschmecken. Wenn der Käse aufgelöst ist, das Gemüse beiseite stellen.

Für die Sauce Mehl in etwas Fett anschwitzen, mit Wasser oder Milch ablöschen und unter Rühren aufkochen. Mit Salz und Muskat würzen.

Nudelteig mit einer Nudelrolle auf einem bemehlten Brett zu dünnen Teigplatten ausrollen. Die Platten mit einem feuchten Tuch bedecken, damit sie nicht austrocknen.

Eine Auflaufform einfetten. Auf dem Boden etwas Gemüsefüllung verteilen und das Gemüse mit Nudeln bedecken. Abwechselnd Teigplatten und Füllung einschichten. Mit Nudeln enden und alles mit der Sauce übergießen.

Die Form mit einem Deckel bedecken und im vorgeheizten Ofen 50 Minuten bei 200 °C backen. Den Deckel abnehmen, den Auflauf mit geriebenem Käse bestreuen und noch 5 Minuten überbacken.

# Kirschenmichel mit Weizenkeimen

*200 g trockenes Vollkornbrot*
*600 ml Milch*
*800 g Sauerkirschen*
*Keime aus 8 EL Weizen*
*3 EL Honig*
*1 TL Zimt*
*Fett für die Form*
*2 Becher Joghurt*
*oder 1 Becher süße Sahne*

Das Brot in Würfel schneiden und etwa eine Stunde in der Milch einweichen. Die Kirschen entsteinen und die Keime waschen. Brot, Kirschen und Keime gut vermischen und mit Honig und Zimt würzen. Eine Auflaufform einfetten und die Masse einfüllen. Kirschenmichel 30 – 45 Minuten bei 200 °C im Backofen backen. Mit Joghurt oder geschlagener Sahne servieren.

○ **Tipp:** Dieses Gericht eignet sich gut zur Verwertung von Brotresten. Wenn das Brot noch nicht ganz trocken ist, etwas weniger Milch verwenden.

# Keimemüsli –
## Frühstück oder Dessert

Eine Mischung aus Getreide, Obst und Milchprodukten versorgt den Körper in idealer Weise mit Nährstoffen, ohne ihn allzu sehr zu belasten. Müslis sind daher wie geschaffen für den Start in den Tag. Gekeimtes Getreide, wie beispielsweise Weizen, versüßt das morgendliche Müsli und passt hervorragend zu den Früchten der Saison. Viele der hier vorgestellten Rezepte eignen sich aber auch vorzüglich als Abschluss eines Essens. Egal, durch wie viele Gänge der »Keime-Küche« Sie sich durchgearbeitet haben, in diesem letzten Abschnitt werden Sie bestimmt ein passendes Dessert als würdigen »Schlusspunkt« für Ihr persönliches Menü finden.

## Kirschquark mit Weizenkeimen

*200 g Sauerkirschen*
*Keime aus 4 EL Weizen*
*500 g Magerquark*
*100 ml Milch*
*Honig*

Die Kirschen waschen und entsteinen. Die Keime waschen und abtropfen lassen. Kirschen und Keime mit Quark und Milch vermischen und mit Honig süßen. Die Weizenkeime sind oft schon süß genug, deshalb den Honig vorsichtig dosieren.

## Rosinenquark

*500 g Magerquark*
*100 ml Milch*
*Saft einer halben Zitrone*
*Keime aus 6 EL Roggen*
*250 g Rosinen*

Den Quark mit der Milch und dem Zitronensaft verrühren. Die Keime und die Rosinen waschen und unter die Masse heben.

# Trockenfrüchtequark

*4 EL Rosinen*
*12 getrocknete Birnenhälften*
*16 Trockenpflaumen*
*Keime aus 4 EL Weizen*
*500 g Quark*
*bei Bedarf etwas Milch*

Die Trockenfrüchte klein schneiden oder durch den Fleischwolf drehen, die Keime waschen. Früchte mit dem Quark vermischen. Bei Bedarf mit etwas Milch glatt rühren und die Weizenkeime darüber streuen.

## Apfelkompott mit Alfalfakeimen

*1 Becher süße Sahne*
*2 TL Honig*
*300 g Joghurt*
*300 g Apfelmus*
*Keime aus 2 TL Alfalfasamen*

Die Sahne mit dem Honig steif schlagen. Joghurt und Apfelmus miteinander verrühren oder in eine Schüssel schichten.
Die Alfalfakeime darüber streuen, mit einer Sahnehaube krönen und sofort servieren.

## Birnenmüsli mit Weizenkeimen

*8 EL Weizenschrot*
*2 Tassen Wasser*
*2 Birnen*
*Keime aus 4 EL Weizen*
*3 TL Honig*
*100 ml süße Sahne*

Weizenschrot über Nacht im Wasser einweichen. Am Morgen die Birnen klein schneiden, die Keime waschen. Alle Zutaten miteinander verrühren und mit Honig süßen.
Die Sahne schlagen und das Müsli damit krönen.

## Bananenmüsli mit Roggenkeimen

*8 EL Weizenschrot*
*2 Tassen Wasser*
*2 Bananen*
*80 g Rosinen*
*Keime aus 4 EL Roggen*
*1 Becher süße Sahne*

Weizenschrot über Nacht in dem Wasser einweichen.
Am nächsten Morgen die Bananen klein schneiden, Rosinen und Keime waschen. Schrot mit den Keimen und den Früchten mischen. Mit der geschlagenen Sahne servieren.

# Hafermüsli mit Roggenkeimen

*60 g Haferflocken*
*100 ml Milch*
*2 TL Honig*
*2 Eier*
*Keime aus 4 EL Roggen*
*2 EL Sonnenblumenkerne, ungekeimt*

Die Haferflocken mit Milch und Honig vermengen. Die Eier trennen. Eigelb unter das Müsli rühren, etwas weichen lassen. Die Keime waschen und abtropfen lassen. Das Eiweiß zu Schnee schlagen. Keime und Sonnenblumenkerne dazugeben, den Eischnee vorsichtig unterheben. Sofort servieren.

○ **Tipp:** Wegen der rohen Eier nicht lange stehen lassen.

# Apfelmüsli mit Weizenkeimen

*1 Apfel*
*Keime aus 4 EL Weizen*
*250 g Magerquark*
*200 ml Milch*
*60 g Haferflocken*
*3 TL Honig*
*1 TL Zimt*

Den Apfel waschen, schälen und raspeln. Die Keime waschen.
Quark, Milch und Haferflocken verrühren, mit den Keimen und dem
Apfel mischen und mit Honig und Zimt abschmecken.

○ **Tipp:** Dieses Müsli schmeckt wunderbar weihnachtlich. Durch
   einen Klecks Sahne und eine in Rotwein gekochte Dörrpflaume
   verfeinert, könnte es den Abschluss Ihres nächsten Weihnachts-
   menüs bilden.

# Keimemix-Müsli

*250 g Joghurt*
*3 EL süße Sahne*
*1 MSP Zimt*
*1 EL Honig*
*Keime aus 2 TL Alfalfasamen, 2 TL Sonnenblumenkernen*
    *und 2 EL Weizen*
*2 EL Nüsse*

Den Joghurt mit der süßen Sahne geschmeidig rühren, mit Zimt und Honig abschmecken. Die Keime waschen und unter den Joghurt heben. Die Nüsse hacken und darüber streuen.

# Weizen-Hirse-Müsli

*Keime aus 3 EL Weizen*
*5 EL Hirseflocken*
*1 Apfel*
*1 Banane*
*2 EL Rosinen*
*Saft einer halben Zitrone*
*3 EL süße Sahne*
*Honig nach Geschmack*

Die Keime waschen und mit den Hirseflocken mischen. Den Apfel waschen, schälen und raspeln. Die Banane klein schneiden. Mit den Rosinen zu den Keimen geben. Zitronensaft, Sahne und Honig vermischen und über das Müsli gießen.

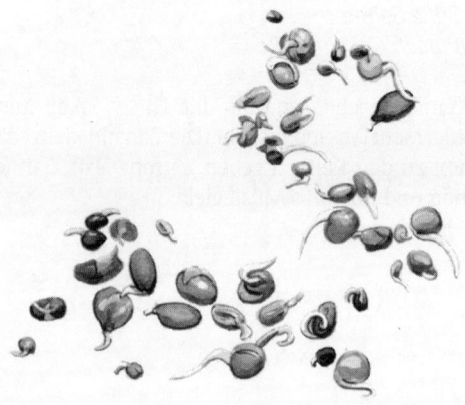

# Die Autorin

Ute Rabe lebt mit ihrer vierköpfigen Familie in einem kleinen Dorf in Ostwestfalen-Lippe. Sie beschäftigt sich schon seit langen Jahren mit dem Thema »Vollwerternährung« und veröffentlicht immer wieder Rezepte aus ihrem reichen Erfahrungsschatz.

Ein besonderes Anliegen ist ihr die Verwendung ökologisch erzeugter Lebensmittel und eine schonende Zubereitung, mit der die wertvollen Inhaltsstoffe gesunder Zutaten erhalten bleiben.

Dass dabei auch der Genuss nicht zu kurz kommen darf, ist für sie eine Selbstverständlichkeit.

Von ihr sind im pala-verlag erschienen: *Man nehme: Keime ...*, *Dinkel und Grünkern*, *Kochen und Backen mit Hafer* und *Dampfgaren – vitaminschonend und köstlich*.

# Rezeptindex

# Fantastisch vegetarisch

Ute Rabe:
**Dinkel und Grünkern**
ISBN: 3-89566-189-9

Margrit Stevanon:
**Aufläufe und Gratins**
ISBN: 3-89566-180-5

Wolfgang Hertling:
**Kochen mit Hirse**
ISBN: 3-89566-164-3

Astrid-Poensgen-Heinrich:
**Köstliche Kartoffelküche**
ISBN: 3-89566-181-3

# Vegetarisch • vollwertig • gesund

Margit Stevanon:
**Tofu – fantastisch vegetarisch**
ISBN: 3-89566-162-7

Jutta Grewe:
**Vegetarisches aus Omas Küche**
ISBN: 3-89566-168-8

Irmela Erckenbrecht:
**Querbeet**
ISBN: 3-89566-163-5

Herbert Walker:
**Vollwertige Weihnachtsbäckerei**
ISBN: 3-89566-182-1

# Vegetarisches mit Cartoons von Renate Alf

Klaus Weber:
**Das Buch vom guten Pfannkuchen**
ISBN: 3-89566-151-1

Astrid-Poensgen-Heinrich:
**Spargelzeit!**
ISBN: 3-89566-185-6

Jutta Grimm:
**Vegetarisch grillen**
ISBN: 3-89566-140-6

Claudia Schmidt:
**Alles Tomate!**
ISBN: 3-89566-152-X

pala-verlag • Postfach 11 11 22 • 64226 Darmstadt • www.pala-verlag.de

ISBN: 3-89566-194-5

© 2003: pala-verlag, Rheinstr. 37, 64283 Darmstadt

Neue, überarbeitete und ergänzte Auflage 2003

Alle Rechte vorbehalten

Lektorat: Barbara Reis

In Zusammenarbeit mit dem Deutschen Reform-Verlag, Oberursel

Illustrationen: Kirsten Schlag

Umschlaggestaltung: Karin Bauer

Druck: fgb • freiburger graphische betriebe

www.fgb.de

Dieses Buch ist auf Papier aus 100 % Recyclingmaterial gedruckt.